Philip Pudenz · Helgo Lass

Windsurfen mit schnellen Brettern
Mit Fotos von Michael Garff

Verlag Delius, Klasing & Co, Bielefeld

Fotos:
Ulrich Stanciu (Seiten 7 l. r., 8, 9, 10 l. m.,
13 o., 22 b., 23 u., 26 r. o. u., 28 l., r. u.,
30 m. o., 36 r. u., 39 l., 40 r., 107)
Werner Richter (Seiten 24/25)
Heike Dusswald (Seiten 36 r. u., 31, 57 o., 81 l., 85, 100 o.)
Sun Star (Seiten 13 u., 20 l. o., l. u., 29 o. m., 75 r.)
Dr. Wolfgang Windhager (Seiten 79 o., 80/81)
Dominique Merz (Seite 20)
Gerd Kloos (Seiten 92 l., 95 l.)
Christian le Bosec (Seiten 108, 110, 111)
Sigi Pertramer (Seiten 23 o., 26 m.)
Michael Garff (alle übrigen Fotos)

Windsurfer:
Auf den Fahraufnahmen agieren, soweit namentlich bekannt:
Philip Pudenz (Seiten 12, 39, 40, 41, 45, 46,
47, 48, 49, 50, 51, 52, 53, 54, 55, 57, 59,
60/61, 62, 63, 64 l., 67, 68, 69, 95, 103 r. o., 108 o., 111)
Robby Naish (Seiten 37, 64 r., 65, 79 u., 94)
Karl Messmer (Seite 56)
Helgo Lass (Seiten 58, 79 o., 80, 81)
Kutte Priessner (Seite 9)
Mike Eskimo (Seite 66)
Jürgen Hönscheid (Seite 71)
Randy Naish (Seite 75)
Mat Schweitzer (Seite 78 o.)
Derk Thijs (Seiten 102, 106)
Niko Stickl (Seite 104 u.)
Pascal Maka (Seite 108 u.)
Klaus Simmer (Seite 110)

ISBN 3-7688-0413-5

© Copyright by Delius, Klasing & Co., Bielefeld
Printed in Germany 1983
Gestaltung: Werner Richter
Druck: Kunst- und Werbedruck, Bad Oeynhausen

INHALT

VORWORT

Gut fünfzehn Jahre ist es her, daß Jim Drake und Hoyle Schweitzer den Sport „Windsurfen" erfanden und vermarkteten. In diesen fünfzehn Jahren hat sich der Surfsport in viele Richtungen entwickelt. Vom ersten „Baja-board" Hoyle Schweitzers über den legendären Windsurfer bis hin zu Tandems, extremen Regattaboards der Offenen Klasse und nicht zuletzt den neuen Funboards verschiedenster Prägung. Diese Vielfalt des Sports war nur möglich durch die rasante Verbreitung, die er vor allem in Westeuropa fand. Die Zahl der Surfbegeisterten wuchs schnell, förderte damit die Chancen der verschiedensten Produzenten und beschleunigte die Entwicklung neuer Produkte und Ideen äußerst rasant.

Das europäische Windsurfen orientierte sich an den gegebenen Verhältnissen, zumeist flaches Wasser und vorherrschender Leicht- bis Mittelwind. So entstanden bei uns zunächst Allroundbretter, vom Windsurfer ausgehend, die eher bei leichten bis mittleren Windgeschwindigkeiten gut zu kontrollieren waren. Wenig später konstituierte sich eine Grenzmaßklasse, inzwischen auch von der IYRU als Division II anerkannt, deren Bretter auf den klassischen Regatta-Dreieckskurs zugeschnitten waren, das heißt bei allen Bedingungen von 0−6 Windstärken auf diesem Regatta-Kurs schnell waren. Diese Bretter haben eine runde, jollenähnliche Rumpfform (Prinzip: maximales Volumen bei minimaler benetzter Wasserfläche), laufen mit relativ langem Schwert sehr hoch am Wind, sind aber bei zunehmendem Wind raumschots und vorwinds sehr labil und schwer zu kontrollieren.

Über eine gewisse Zeit haben sich die Hersteller an dieser offenen Regatta-Klasse, die bald infolge der verschiedensten Werbeinteressen die größte Aufmerksamkeit auf sich zog, mit ihren Entwicklungen orientiert (Maxime: höher, schneller, besser). Obwohl der Sport in den USA geboren wurde, erfuhr er dort nicht den Bruchteil der Verbreitung wie in Europa. Erst jetzt scheint das Interesse langsam aber sicher größer zu werden. Trotzdem hat es schon immer eine kleinere Gruppe gegeben, die fahrtechnisch als auch materialmäßig viele Entwicklungen geboren hat, die wir inzwischen als selbstverständlich betrachten. Diese kleinen Zentren in Kalifornien und Hawaii bogen die Nasen ihrer Windsurfer auf, erfanden den Trapezgurt und montierten schließlich Fußschlaufen auf ihre Bretter. Daß die Hawaiianer auf andere Ideen kommen als die Europäer, lag nicht zuletzt an den zu Europa verschiedenen Bedingungen.

In Hawaii herrschen Mittel- bis Starkwindbedingungen vor; war einmal kein Wind, erkannten die Hawaiianer schnell, daß Surfen bei wenig Wind auch weniger Spaß macht. Schon von Anfang an fanden einige Europäer den Weg nach Hawaii und brachten auch ihre Weiterentwicklungen des Windsurfers mit. Doch die Enttäuschung war groß, die Bretter ließen sich nicht so gut fahren wie die alten Windsurfer mit aufgebogener Nase und nach hinten versetztem Sturmschwert. Auch die neuen Bretter der Hawaiianer hatten mit ihnen etwas gemeinsam. Sie hatten fürs Gleiten eine flache Gleitfläche. Damit war das Funboard eigentlich geboren. Und siehe da, der alte Windsurfer ließ sich relativ gut mit 2 Finnen, zurückversetztem Schwertkasten und Fußschlaufen bei unveränderter Form zu einem der ersten Serienfunboards umfunktionieren.

Nicht zuletzt durch den jährlichen Pan-Am-Cup auf Hawaii wurde die Entwicklung von Gleitbrettern forciert. Der Wettkampf mit der Kombination aus den drei Disziplinen Dreieck, Langstrecke und Brandungslauf wird erst ab Mindestwindstärke 4 gestartet. Gleiten wird also garantiert. 1981 griff diese Wettkampfidee auch nach Europa über; der erste Euro-Funboard-Cup wurde mit 6 Serien in windreichen Gebieten Europas abgehalten. Der Durchführungsmodus garantierte Abwechslung und ist zuschauerfreundlich.

Das Wort Funboard ist zu einem Schlagwort geworden. Kaum ein Hersteller kann auf das Attribut verzichten. Was aber charakterisiert ein Funboard eigentlich? Es ist an der Zeit, diesen Begriff annähernd zu definieren. Einen Anhaltspunkt haben wir schon, das Gleiten. Gleiten ist der Fahrzustand eines Brettes, wenn das Wasser nicht mehr verdrängt wird, sondern einem Wasserski ähnlich über das Wasser gleitet. Wann ein Brett ins Gleiten kommt, hängt von der Geschwindigkeit ab. Diese wird meistens durch den Wind erzeugt, kann aber auch von einer Welle verursacht werden (Wellenreiter kommen auch ins Gleiten). 4 Windstärken (5,5 – 8 m/sec) gelten als die unterste Grenze, um mit einem Windsurfbrett ins Gleiten zu kommen. Manche Bretter brauchen noch mehr Wind, nur wenige kommen mit weniger aus. Das Erreichen des Gleitzustandes ist faszinierend, man wird in eine neue Welt geboren, die Geschwindigkeit steigert sich plötzlich um das Doppelte, der stärkere Zug des Riggs wird über den Trapezgurt auf den Körper übertragen, man hat ein Gefühl des Schwebens, des „Fastfliegens“. Umständliche, träge Steuerbewegungen über das Rigg werden ersetzt durch die Steuerung mit den Füßen in den Schlaufen. Je schneller das Brett gleitet, desto leichter kann man es durch Fußdruck ankanten und damit steuern.

Funboards sind also flache Gleitbretter, die erst ab 4 Windstärken ihrem Namen Ehre machen. Wie sie aussehen, wie sie fahren, wie man sie fährt, was man damit machen kann, was man dazu braucht, das sollen Sie in den folgenden Kapiteln erfahren. Fairerweise muß an dieser Stelle erwähnt werden, daß der Begriff Funboard (skurrilerweise eine in Deutschland entstandene Wortschöpfung) nicht implizieren darf, daß mit einem Brett Spaß zu haben, lediglich den Funboards überlassen ist. Diese Spur von Überheblichkeit wäre höchstens damit zu begründen, daß auf einem Regattabrett oder Allroundboard nicht jeder seinen Spaß hat. Ein gutes Funboard jedoch hat bisher jeden begeistert.

EINFÜHRUNG

Funboards sind entweder für bestimmte Bedingungen konzipiert, Gleiten ab etwa 4 Beaufort oder bei Welle auch schon bei 3 Windstärken, oder sie entwickeln erst oberhalb dieser Bedingungen ihre besten Fahreigenschaften.

Die Entwicklung des Funboardsurfens ist bereits so weit fortgeschritten, daß verschiedene Boards für unterschiedliche Bedingungen entstanden sind. In Anbetracht der bisherigen Markterweiterung erscheint es sinnvoll, Funboards in 3 Hauptgruppen einzuteilen, wobei es selbstverständlich zu fließenden Übergängen kommen kann und innerhalb einer Gruppe noch Unterteilungen vorzunehmen sind. Es gibt Allroundfunboards (a), kurze Funboards (b) sowie Regatta-Funboards (c). Bretter für Höchstgeschwindigkeiten (Speedboards) fallen in die Gruppe der kurzen Funboards, werden aber in einem eigenen Kapitel abgehandelt.

Das Bewußtsein der Surfwelt in Richtung dieser schnellen Bretter erwachte eigentlich erst durch die ersten Geschwindigkeitswettbewerbe wie den Smirnoff-Cup. Aus diesem Grunde waren diese Bretter dann den Könnern unter den Surfern vorbehalten. Einige Jahre hat sich diese Haltung bewahren können, bis etwa 1980 erste Allroundfunboards auf den Markt kamen, plötzlich hat man Brettformen entworfen, die sich sowohl für den Anfänger als Lernbrett als auch zum späteren Gebrauch als Einstiegsfunboard für Starkwind eigneten. Es muß also betont werden, daß jeder Anfänger beim Kauf eines Brettes sich über die Frage im klaren sein sollte: Will ich ein Allroundbrett mit eher Verdrängereigenschaften surfen, das bei leichten bis mittleren Winden seine besten Qualitäten zeigt, oder will ich ein Allroundfunboard, das nach der Anfängerzeit bei stärkeren Winden problemlos und schnell zu fahren ist?

WELCHES BRETT FÜR WELCHE BEDINGUNGEN

Allzu häufig kann man beobachten, daß Surfer sich doch sehr von den Werbeaussagen der Hersteller leiten lassen, die verständlicherweise möglichst viel versprechen wollen, was ihr Produkt alles kann. Wenn jemand seine eigenen Fähigkeiten und Fertigkeiten überschätzt oder sich in den Windbedingungen verschätzt, die auf seinem „Hausrevier" vorherrschend sind, so kann das zu einem bösen Erwachen führen. Informieren kann sich zwar jeder Surfer durch die Tests in den verschiedenen Medien, doch folgende Fragen sollte sich jeder Kaufinteressent vorher stellen:

● Wie gut kann ich surfen?
● Habe ich das in Frage kommende Brett oder ein ähnliches schon mal probiert?
● Will ich möglichst oft auf meinem Hausrevier surfen?
● Will ich nur bei bestimmten (Starkwind-)Bedingungen surfen, auch wenn diese selten sind?
● Behandle ich das Brett sehr vorsichtig oder sollen auch Verwandte und Bekannte damit losfahren, die es eventuell weniger gut pflegen?

Die ersten beiden Fragen zielen auf das Fachkönnen ab, und ihre Beantwortung ist wohl die wichtigste Entscheidungshilfe. Auf dem Markt gibt es Funboards von fast anfängertauglichen Brettern bis hin zu ganz extremen Beispielen, die nur noch von wenigen beherrscht werden. Es ist natürlich anzuraten, ein Brett zu kaufen, das die Möglichkeit bietet, sein Fahrkönnen zu verbessern und zu erweitern. Aber ein Brett zu erstehen, das einen zu großen Sprung in der Technikbeherrschung verlangt, kann sich wenig motivierend auswirken.

Die zweite Frage beinhaltet zusätzlich noch eine persönliche Note. Da jeder vielleicht doch die eine oder andere Vorliebe für das Steuerungsverhalten des Bretts oder für technische Details entwickelt hat, sollte man versuchen, es vorher auszuprobieren. Ein positiver Testbericht allein nützt wenig, wenn man das eine oder andere Merkmal einfach nicht mag.

Die dritte Frage kombiniert 2 Fragen; zunächst: Wie oft kann und will ich surfen? Und dann: Werde ich hauptsächlich auf meinem nächstgelegenen Revier fahren oder nicht? Will ich zum Beispiel auf meinem meist stillen See ziemlich oft surfen, hat es wenig Sinn, ein kurzes Funboard zu kaufen, ich müßte eher zu einem Allroundfunboard neigen. Will ich aber im Urlaub auch ausgiebig am Meer surfen, fällt ein kurzes Brett schon eher in die engere Wahl.

Die Gruppe derer, auf die die vierte Frage zutrifft, wird zunehmend größer. Langjährige Surfer, die die wirklich sportliche Seite hauptsächlich interessiert und die keine Lust haben, bei Flaute oder nur leichten Winden auf dem Brett zu stehen, nehmen in Kauf, daß sie unter Umständen nur selten zur Freude des extremen Windsurfens kommen, daß diese wenigen Male sie aber für das Warten entschädigen.

Die fünfte und letzte Frage ist ebenfalls recht entscheidend für Freud und Leid. Ist ein Surfer nach drei Jahren von seinem Allroundbrett aus schlagfestem Polyethylen umgestiegen auf ein schnelles, aber empfindliches Brett aus Polyester, so kann es für ihn ein böses Erwachen geben, wenn er, wie gewohnt, sein Brett lässig auf den Strand surft oder mal hier und da anstößt. Dauerndes Reklamieren beim Händler oder Hersteller wird ihm auch keine Freude bereiten, da das viel Umstand macht und womöglich noch lange Wartezeiten nach sich zieht.

Eine wichtige Frage sei hier zunächst zurückgestellt, die nach dem Interesse an Wettkämpfen. Regattabesessene finden in einem späteren Kapitel Antworten auf ihre Fragen.

ALLROUND-FUNBOARDS

Unter allen Funboards haben sie den größten Anwendungsbereich, wenn auch gegenüber den Spezialbrettern Abstriche gemacht werden müssen. Sie lassen sich auch bei Flaute noch segeln; mit einem Zusatzschwert oft sogar recht gut, und sie lassen sich bis 6 Windstärken noch einfach kontrollieren. Ein Allround-Funboard hat eine Länge von etwa 350 cm bis 370 cm und eine Breite von 65–70 cm. Diese Maße machen das Brett relativ kippstabil, auch in Ruhe. Es ist durchaus möglich, und für Funboardinteressierte sogar empfehlenswert, ein Allround-Funboard als Anfänger zu benutzen, weil zu einem späteren Zeitpunkt das Erlernen der Funboard-Technik ebenfalls auf dieser Art von Brettern möglich ist. Ein modernes Brett sollte mit abschraubbaren Fußschlaufen entweder von Anfang an ausgerüstet oder leicht nachzurüsten sein (Abb. unten). Es ist weiter

von Vorteil, wenn es mit einem voll- oder teilversenkbarem Schwert bestückt ist und die Möglichkeit besteht, verschiedene Finnen zu montieren. Die Abb. zeigen Boards, die diese Bedingungen erfüllen.

Allround-Funboards können bei allen Windstärken verläßlich aufkreuzen, was sie nicht zuletzt auch tauglich für das offene Meer macht. Das für stärkere Winde konzipierte nach hinten versetzte Schwert macht bei geringem Wind nicht sehr viel Probleme, schon weil es durch die Benutzung einer vorderen Mastfußbuchse zum Teil ausgeglichen werden kann. Bei Anfängerschulung kann es sogar von Vorteil sein, weil das Brett dann nicht so sehr zum Anluven neigt wie ein herkömmliches Allroundbrett. Ihre Länge macht die Allround-Funboards auf offener See genügend richtungsstabil.

Unter Berücksichtigung des häufigen Gebrauchs eines derartigen Funboards kann man sagen, daß Polyethylen und andere Thermoplaststoffe wie ABS/ASA als am besten geeignete Materialien erscheinen. Sehr leichte Bretter kann man dann allerdings nicht erwarten − selten wiegt eines unter 20 kg, wenn es zudem mehr als 200 l Volumen haben soll.

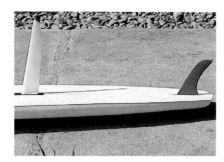

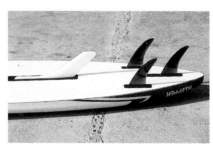

Abb. links und oben: Moderne Allround-funboards mit voll versenkbarem Schwertsystem.

Abb. Mitte und unten: So sehen teilversenkbare Schwerter aus.

Ein Board mit drei Finnenkästen hat viele Trimmöglichkeiten (Abb. unten).

KURZE FUNBOARDS

Die meisten Surfer werden unter einem Funboard eher eines dieser Kategorie verstehen, und sie sehen es häufig als Alternative zu ihrem herkömmlichen Allroundbrett. Im Laufe der Entwicklung sind die Bretter der Fortgeschrittenen dieser Gruppe immer kürzer geworden. 320 cm ist ein Mittelmaß, das auch heute noch als typischer Vertreter eines kurzen Funboards gilt. Je nach Rumpfform gibt es Bretter bis etwa 340 cm, die, wenn sie mit einem Schwert versehen sind, in die vorherige Kategorie hineinreichen. Nach unten hin scheint sich bis jetzt eine Grenze um 200 cm eingependelt zu haben. Ein so kurzes Brett zu beherrschen ist allerdings nur einer kleinen Elite vorbehalten, da die Boards zudem noch auf ganz bestimmte Wind- und Wellenbedingungen zugeschnitten

sind. Die Breite dieser Bretter beträgt 50 bis 65 cm. Die Anwendungsmöglichkeiten von kurzen Brettern sind jedoch je nach Größe noch sehr unterschiedlich. Wir unterscheiden deshalb drei Kategorien, die ihrem Ursprung gemäß die englischen Bezeichnungen haben: „Floater", „Semi-Floater" und „Sinker".

Die Gruppe der größeren Bretter sind die Floater (von engl.: float − schwimmen im Sinne von genug Auftrieb haben). Sie

weisen etwa 140−200 l Vol. auf, genug also, um den Surfer im Stand zu tragen, ohne unterzugehen. Sind sie noch ziemlich breit, deshalb auch noch relativ kippstabil.

Die zweite Gruppe sind sogenannte Semi-Floater. Diese Bretter haben etwa 90−130 l Auftriebsvolumen, und man kann gerade eben noch das Rigg aus dem Wasser ziehen, ohne mit dem Brett unterzugehen. Da man aber dabei fast das ganze Brett unter die Wasseroberfläche drückt, besitzt es so gut wie keine Rumpfstabilität mehr. Das Brett kippt auch dann sofort an den Enden nach unten ab, wenn man nur etwas außerhalb der Mitte steht und sie geringfügig belastet.

Die extremsten Bretter finden wir dann in der dritten Gruppe, es sind sogenannte „Sinker" (von engl. sink − untergehen, sinken). Sie können weit weniger als 90 l Volumen haben und sind dadurch gekennzeichnet, daß es nicht möglich ist, das Rigg aus dem Wasser zu ziehen, ohne mit dem gesamten Gerät abzutauchen.

Die Einteilung in die drei Kategorien erfolgt also nach der Größe des Auftriebs. Mit ausschlaggebend für das Volumen ist außerdem die Höhe des Rumpfes und die Form des Bretts. Sicher werden in den allermeisten Fällen auch die Floater die größeren Bretter sein; mit einer Länge von 300 − 340 cm und einer Breite von bis zu 65 cm. Semi-Floater haben eine Länge von etwa 260 − 300 cm und sind bis zu 60 cm breit. Sinker können 200 − 260 cm lang und zirka 50 cm schmal sein. Eine sehr wichtige Variable in der Einteilung der kurzen Boards ist bisher unberücksichtigt geblieben, das Gewicht des Surfers. Von ihm hängt es letztendlich ab, ob ein Brett ein echter Sinker ist oder nicht. Hat das Board ein Volumen von 110 l, so ist es für einen 65 kg schweren Surfer zuzüglich Rigg und Kleidung (etwa 10 kg) immer noch ein Semi-Floater, während es für seinen Freund mit 85 kg bereits zum echten Sinker wird (vergl. Tabelle).

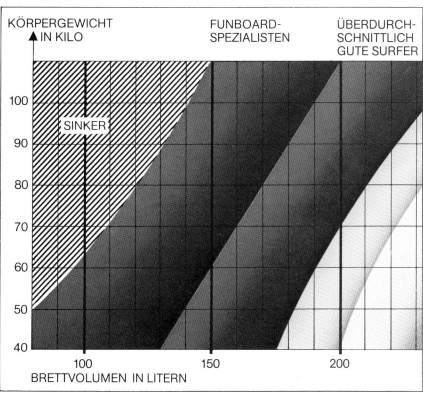

KÖRPERGEWICHT IN KILO

FUNBOARD-SPEZIALISTEN

ÜBERDURCHSCHNITTLICH GUTE SURFER

SINKER

100
90
80
70
60
50
40

BRETTVOLUMEN IN LITERN

100   150   200

Bretter meist für die verschiedenen Kurse unterschiedliche Schlaufenpositionen haben (Abb. oben), während die kürzeren Boards nur eine Schlaufenposition besitzen (Abb. unten).

Die meisten Boards sind nicht mit einem Schwert ausgerüstet, obwohl es für Floater durchaus sinnvoll ist, da ihr Einsatzbereich dadurch vergrößert wird und sie auch sicherer macht. Man kann mit ihnen auf Revieren mit plötzlich abflauendem Wind längere Strecken wieder aufkreuzen und mit Einschränkungen auch bei ablandigem Wind aufs Wasser gehen. Für diese Gruppe ist ein kurzes Schwert durchaus empfehlenswert, wenn es entweder voll versenkbar oder geklappt nur noch ein weit hinten sitzendes, finnenähnliches Ende unter dem Rumpf herausragen läßt. Alle anderen kurzen Boards sind je nach Rumpfform mit ein bis drei Finnen ausgerüstet, die mit dem genormten amerikani-

schen Finnenkastensystem beliebig ausgetauscht werden können (Abb. unten). Alle kurzen Funboards sind mit Fußschlaufen versehen, wobei die größeren

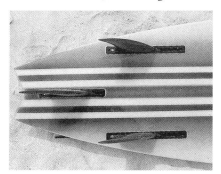

REGATTA-FUNBOARDS

Das Entstehen dieser dritten Funboard-Kategorie ist eng geknüpft an die fast schon legendäre Veranstaltung des Pan-Am-World-Cups auf Hawaii, dessen Segelanweisungen erst einen Start ab 4 Windstärken vorsehen. Zwei der drei Disziplinen, Dreieck und Langstrecken, verlangen lange Gleitbretter, weil die Kurse weite Strecken über die offene See gehen und lange Kreuzstrecken haben. Nur ein Brett mit langer Wasserlinie garantiert gute Kreuzeigenschaften, und bei den sehr hohen Geschwindigkeiten halbwinds und raumschots braucht man durch die Länge ausreichend Längsstabilität, um über die kabbeligen kleinen Wellen zu kommen, die auf der bis zu 6 m hohen Dünung stehen.

Die Brettlänge reicht hier von 380 cm bis 410 cm. Trotzdem sind diese langen Boards nicht sehr kippstabil, da sie nur selten breiter als 60 cm sind. Trotz ihrer Länge haben sie verhältnismäßig wenig Volumen, ca. 200 − 230 l, hauptsächlich um Gewicht zu sparen. Auch für den seit einigen Jahren neu geschaffenen Euro-Funboardkurs erwiesen sich die langen Rennbretter als geeignet. Alle Rennbretter sind mit einem Schwert ausgerüstet, das bis zu 70 cm lang sein kann und fast senkrecht gestellt wird. Nach wie vor sind gute Kreuzeigenschaften für eine Funboardregatta notwendig. In den letzten Jahren hat sich bei den meisten Rennbrettern ein voll versenkbares Schwert durchgesetzt, um auf Halbwind- oder Raumschotkursen die nicht benötigte benetzte Fläche des Schwertes nicht durchs Wasser bewegen zu lassen. Manche Konstruktionen können das Schwert zusätzlich insgesamt nach vorn und achtern verstellen. Ein Rennbrett hat eine für den Laien

schier unübersichtliche Menge von Fußschlaufen. Durch die Länge bedingt verschiebt sich der Körper des Surfers auf verschiedenen Kursen erheblich am Brett. Zusätzlich ändert sich bei unterschiedlichem Wind die Schrittlänge. Bretter mit

Sogenannte Schwertlippen schließen den Schwertkasten völlig ab.

Viele Fußschlaufen garantieren auf allen Kursen einen sicheren Stand.

15

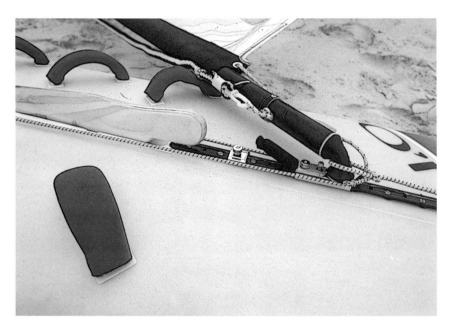

Es hat wohl selten einen Sport gegeben, in dem sich in 15 Jahren soviel am Material geändert hat wie beim Windsurfen. Jedes Jahr werden Skeptiker belehrt, daß es wieder radikalere Neuentwicklungen gibt. Dies gilt vor allem für die Rumpfform der Bretter. Böswillige Zungen behaupten allerdings, man hätte sich dabei im Kreis gedreht. Trotzdem sollte man nicht den Standpunkt vertreten, daß sich die gesamte Surfwelt zeitweise auf Irrwegen befunden hat. Es sind immer Bretter den jeweiligen Bedürfnissen und technischen Fähigkeiten entsprechend konstruiert worden. Diese beiden bestimmenden Faktoren haben sich jedoch rapide verändert, insofern also auch die Bretter.

Eines, die Rumpfkonstruktionen betreffend, kann nicht oft genug betont werden: Es gibt kein Rezept und keine Formel für ein schnelles Brett. Ähnlich wie bei Booten verläßt man sich auf wissenschaftliche Auswertungen von Erfahrungen, bei denen man strömungswissenschaftliche Erkenntnisse berücksichtigt. Bei der Entwicklung von Surfbrettern hat man sich lange an Segeljollenkonstruktionen orientiert, vor allem bei den Verdrängern der Division II (Offene Klasse). Seit etwa 1980, mit Aufkommen der ersten kurzen Funboards, greift man immer mehr auf klassische Formen der Wellenbretter zurück. Der holländische Exweltmeister und langjähriger Weltrekordhalter Derk Thijs war einer der ersten, der bereits Ende 1979 für Speedwettbewerbe ein Wellenbrett umbaute. Der Sylter Brandungsexperte Jürgen Hönscheid war wiederum einer der ersten, der die Form des Wellenbrettes zum Windsurfen in den Wellen benutzte. So konnte man auch auf diesem Gebiet auf eine Menge Erfahrungen zu-

10 und mehr Schlaufen sind keine Seltenheit und nicht im geringsten Maße überflüssig. Bei Funboard-Regatten werden maximale Segel gefahren, die die Surfer an die physischen Grenzen ihrer Belastbarkeit bringen. Wenn er dann nicht immer eine optimale Standposition hat, tritt die Ermüdung um ein Vielfaches schneller ein.

Auf Rennbrettern haben sich ebenfalls während des Surfens verstellbare Mastfüße durchgesetzt. An dieser Stelle sollte vielleicht erwähnt werden, daß derartige Neuerungen nur entstehen konnten, weil die Brettkonstruktionen, von einigen Sicherheitsbestimmungen abgesehen, keinerlei Vermessungsbeschränkungen unterliegen.

Während der Fahrt verstellbare Trimmschienen gehören zum Rennbrett.

Hier eine Trimmschiene, die mit dem Schwertsystem gekoppelt ist.

Erfahrungen der Wellenreiter beeinflussen das Aussehen moderner Funboards.

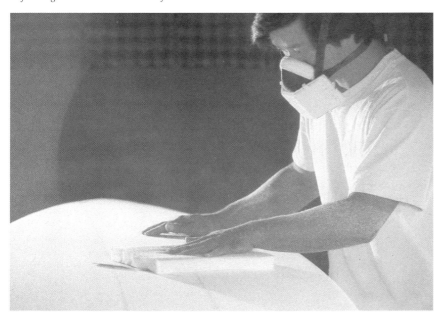

rückgreifen, die die Wellenreiter systematisch herausgefunden haben, zum Beispiel welche Heckform drehfreudiger ist.

Aus diesen Erkenntnissen heraus ist man deshalb in der Lage, bestimmten Konstruktionsmerkmalen bestimmte Fahreigenschaften zuzuordnen.

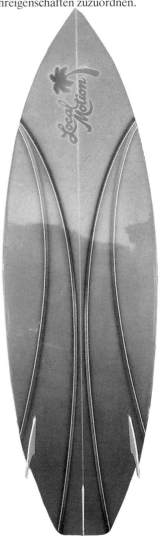

UNTERWASSER-SCHIFF

Ob langes oder kurzes Funboard, eines haben sie gemeinsam, einen Gleitboden, auf dem das Brett gleiten kann. Die verbreitetste ist ein völlig flaches Unterwasserschiff (a). In den letzten Jahren, hauptsächlich bei den Boards mit schmalen Hecks, hat sich das V-Unterwasserschiff (b) durchgesetzt. Ein V-Boden führt erstens zu einer größeren Längsstabilität und zweitens zu einer besseren Anströmung der Finne(n), vor allem wenn sie in der Brettmitte angebracht ist. Der Druck nimmt dann zur Mitte hin zu, und von vorn unter das Brett gekommene Luftbläschen, die zur Störung der Anströmung führen können, fließen zu den Seiten hin ab.

Zu diesen beiden Hauptformen der Brettunterseite gibt es noch verschiedene Mischformen wie das Triplane-Unterwasserschiff (c) oder Bretter mit Channels (d).

a

b

c

d

Channels sollen das Brett wie auf einem Luftkissen fahren lassen.

SCOOP UND ROCKER

Einen erheblichen Einfluß auf die Fahreigenschaften eines Brettes hat die hintere und vordere Aufbiegung der Gleitfläche. Die vordere nennt man Scoop, die hintere Rocker. Sehr viele Surfer orientieren sich an dem angegebenen oder gemessenen Maximalmaß des Scoops. Sehr entscheidend aber ist der Verlauf des Scoops, das heißt wo er beginnt und wo die Krümmung am stärksten ist. Ein Brett, dessen 30-cm-Scoop von einem leichten Knick in der Mitte herrührt und das von da aber gerade verläuft, wird beim Abreiten kleiner bis mittelgroßer Wellen trotzdem zum Unterschneiden neigen. Das gegenteilige Extrem, die gesamte Aufbiegung knapp vor dem Bug zu haben, kann dazu führen, daß die Gleitfläche zu lang ist und das Brett gegen die Wellen schiebt. Bei den meisten Boards beginnt der Scoop dicht vor dem Mastfuß und bildet eine progressiv zunehmende Kurve. Die stärkere Krümmung an der Spitze gibt dem Brett genügend dynamischen Auftrieb beim Anprall an eine Welle und verhindert das Unterschneiden.

Für alle, die eher im flachen Wasser surfen, sollte kein oder nur sehr wenig Rocker am Brett vorhanden sein. Im Prinzip ist der Rocker hauptsächlich für das Abreiten von Wellen gedacht, wo das Board mit leichter Aufbiegung des Hecks eine bessere Gleitlage an der Welle hat und zusätzlich noch ein wenig drehfreudiger wird. Für schnelles Surfen auf flachem Wasser macht sich ein Rocker absolut negativ bemerkbar. Das Brett wird durch Turbulenzen, die von der Rundung produziert werden, gebremst und neigt dann leicht zum ständigen Auf- und Abwippen.

Es gibt auch Boards mit einem negativen Rocker, einem leicht nach unten gezogenen Heck. Davor ist jedoch zu warnen. Nur bei unteren Windgeschwindigkeiten für Funboards tritt der Zustand des Gleitens dann etwas eher ein; das Heck wird früher angehoben und erreicht etwas früher eine günstige Gleitlage.

Der Nachteil eines negativen Rockers tritt aber zutage, sobald das Brett bei etwas mehr Wind schneller wird, das negative Heck wirkt dann bremsend. Zusätzlich wird eine Erhöhung der Geschwindigkeit durch die Verkleinerung der Gleitfläche unmöglich gemacht. Das Heck bekommt zuviel Lift (nach oben wirkende Kräfte), so daß die Gleitfläche vorne immer wieder eintaucht und sich die benetzte Fläche wieder vergrößert.

Früh ins Gleiten kommt ein Board mit negativem Rocker.

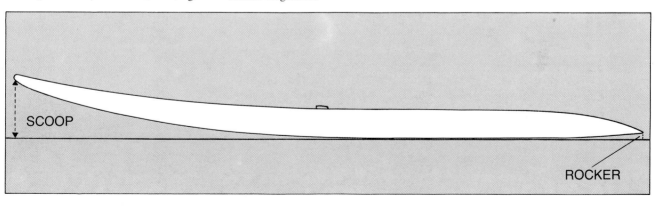

SCOOP

ROCKER

BUG- UND HECKFORMEN

Die größte Experimentierfreudigkeit hat sich in den verschiedensten Heckformen ausgedrückt: Zwei der wichtigsten Faktoren werden durch die Heckform wesentlich beeinflußt: erstens die Größe der Gleitfläche und ihre Veränderung bei höheren Geschwindigkeiten und zweitens die Beweglichkeit (Wendigkeit) des Bretts.

Grundsätzlich kommt ein Brett mit breitem Heck früher ins Gleiten, ist auf der anderen Seite nicht so beweglich und neigt bei höherer Geschwindigkeit zu plötzlichem Ausbrechen (spin-out). Umgekehrt kommt ein Board mit schmalem Heck nicht so schnell ins Gleiten, ist aber beweglicher und läßt sich auch bei höheren Geschwindigkeiten noch gut kontrollieren. Zudem verringert sich bei zunehmender Geschwindigkeit, sozusagen automatisch, die benetzte Wasserfläche.

Aber nicht nur die bloße Tatsache eines breiten oder schmalen Hecks entscheidet die Beweglichkeit, sondern auch der Verlauf der Außenkanten (Outline). Die Rundung in den letzten 30–50 cm entscheidet ebenfalls über das Maß an Beweglichkeit. So ist ein relativ breites Heck mit einer harmonischen Rundung im Heck bei geringen Geschwindigkeiten, wie sie beim Abreiten von Wellen oft vorkommen, wesentlich drehfreudiger als ein extremes Spitzheckboard, das gerade zusammenlaufende Seitenkanten hat.

Für ein breites Heck wäre ein Round Tail (a) gegenüber einem Square Tail (b) ein guter Kompromiß, wenn jemand hauptsächlich ein Brett für 4–5 Windstärken braucht und relativ schwer ist. Pin-Tails (c) sind in den meisten Fällen eigentlich Rounded Pins (d). Swallow Tails (e) versuchen die Vorteile eines breiten und schmalen Hecks zu kombinieren. In steilen Kurven fahren sie auf einem schmalen Schwanz. Das gleiche versucht man mit sogenannten Wings, kleinen Stufen am Heck. Ein Pintail mit Wings (f) möchte sich bis zu den Wings genügend Auftrieb mit relativer Breite erhalten, aber mit dem anschließenden spitzen Ende noch beweglich genug sein. Das neueste Design ist das Squash-Tail, sozusagen ein abgeschnittenes Pintail mit Wings (g).

Alle genannten Merkmale führen nur dann zu einem gelungenen Brett, wenn sie zur harmonischen Gesamtlinie zusammengefügt werden. Swollow winger tail (h).

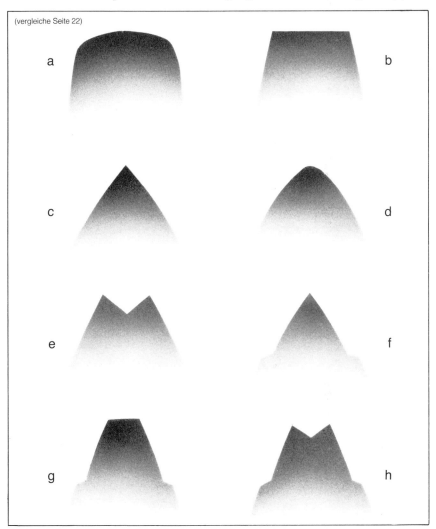

(vergleiche Seite 22)

a

b

c

d

e

f

g

h

FINNE
UND SCHWERT

Funboards sind entweder mit Finne(n) und Schwert oder nur mit Finne(n) ausgerüstet. Gegenüber normalen Allroundbrettern kommt beiden bei Funboards eine größere Bedeutung zu; hauptsächlich weil die Geschwindigkeiten wesentlich höher sind und sich dann Fehler in Form oder Verarbeitung dieser Leitflächen sehr früh bemerkbar machen.

Es gibt eine Reihe verschiedener Finnensysteme auf dem Markt, das gebräuchlichste ist aber das amerikanische mit 8 mm breiten Finnenkästen. Dieses System ist aber von Wellenbrettern übernommen worden, an deren Finnen nicht so viel Druck entsteht wie bei Windsurfbrettern. Aus diesem Grund gibt es tiefere Kästen, die mehr Seitendruck aushalten können. Andernfalls sollten die amerikanischen Kästen vor dem Einbau verlängert sein. Der Grund für den hohen Druck an den Finnen vor allem bei kurzen Funboards, die nur mit Finnen ausgerüstet sind, ist in der veränderten Funktion der Finnen gegenüber einem Allroundboard oder einem Division II-Brett zu suchen. Während bei diesen die Finne lediglich eine ausreichende Längsstabilität erbringen soll, übernehmen Finnen an Funboards die Schwertfunktion.

Die Hersteller von Finnen haben fast alle denkbaren Formen und Profile auf den Markt gebracht, aber längst nicht alle sind auch effektiv. Da wäre zunächst die Materialfrage. Die original amerikanischen Finnen sind aus etlichen Glasgewebelagen laminiert bzw. aus großen Platten geschnitten, die vorher auflaminiert wurden. Sie sind ausgesprochen hart und auch haltbar, aber leider in den seltensten Fällen durchprofiliert, das heißt, die flache Platte ist vorn und hinten meist nur ungenügend

GFK-Finnen sind auf radikalen Funboards am häufigsten zu finden.

abgerundet. Die nächste Gruppe sind im Spritzgußverfahren aus sogenanntem Lexan hergestellte Finnen. Da diese aus einer Negativform kommen, sind sie meist durchprofiliert. Lediglich vorne steht meist noch eine dünne Kante von den Herstellungsformen, die von Hand abgerundet werden muß. Lexanfinnen sind in der Regel preisgünstig, brechen zwar leichter, aber so mancher kauft lieber eine neue Finne, als daß er einen herausgebrochenen Finnenkasten repariert. Lexanfinnen, wenn nicht zu groß und zu lang, sind durchweg auch noch hart genug. Manche Kenner behaupten sogar, daß sie wegen der etwas biegsameren Enden und durch die leichte Verwindung nicht so stark zu spin-outs neigen.

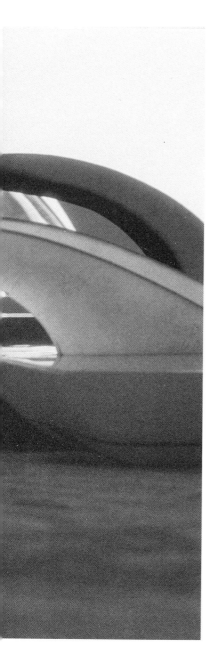

Die preisgünstigsten Finnen sind aus einem Thermoplast wie PE oder Polypropylen hergestellt. Sie sind in der Regel zu weich, verzeihen dafür aber eher Grundberührungen als GFK- oder Lexanfinnen. Sind sie härter, dann stimmt das Dicken-Breiten-Verhältnis meist nicht, das im optimalen Fall etwa bei 1 : 10 liegt. Derartige Finnen sind zwar oft gut durchprofiliert, aber sie haben häufig Dellen, die die Anströmung ungünstig beeinflussen. Auch hier muß meist die Vorderkante nachbehandelt werden. Das Interesse an der Form von Finnen ist vor allem durch zwei Probleme begründet: erstens genügend Lateralfläche zu haben, um dem Anluven entgegenzuwirken und zweitens um vor den sogenannten spin-outs zu schützen. Ein spin-out ist ein meist plötzliches Ausbrechen des Hecks nach Lee. Bewirkt wird dieses Ausbrechen durch einen Abriß der Strömung an der Finne, der entweder durch von vorn oder seitlich an die Finne gelangte Luft verursacht wird (Ventilation) oder durch eine Art Kochen des Wassers an der Finne herrührt, wobei ebenfalls Sauerstoff in Form von Blasen freigesetzt wird (Kavitation).

Jeder Finnenspezialist gerät aber in einen Konflikt, weil es Formen gibt, die zwar einen geringen Eigenwiderstand entwickeln, aber sehr anfällig für spin-outs sind. Je gerader die Kanten und je steiler der Anstellwinkel (a), desto höhere Geschwindigkeit erlauben sie, aber desto unvermittelter und häufiger kommt es zu dem ungewollten Ausbrechen. Je runder aber die Kanten sind und je extremer die

Finne nach hinten geneigt ist, desto mehr Eigenwiderstand entwickeln sie. Auf der anderen Seite haben sie ein gutmütiges Fahrverhalten und brechen eher langsam aus.

Es gilt daher, zwischen diesen grundsätzlichen Eigenschaften für jedes Brett individuell den richtigen Kompromiß zu finden. Wie groß die Finne(n) sein soll(en), ist ebenfalls nicht generell zu bestimmen, ebenso die Frage nach einer oder mehreren Finnen. Je breiter das Brett im Heckbereich ist, desto mehr Finnenfläche wird jedoch benötigt, hauptsächlich weil der Wasserdruck pro cm^2 sehr gering ist. Da aber Finnen, die tiefer als etwa 25 cm gehen, bei hohen Geschwindigkeiten so viel Auftrieb an den Enden entwickeln, daß das Brett zum Kentern neigt, muß die benötigte Lateralfläche in zwei oder drei Finnen aufgeteilt werden, die verschiedentlich angeordnet sein können (Abb. S. 26, a, b, c, d). Boards mit schmalem Heck kommen durch den relativ hohen Druck pro cm^2 meist mit einer Finne aus. Eine Ausnahme bilden die kurzen Funboards, die zum Wellenreiten oder für extreme Manöver benutzt werden. Wenn das Board an der Welle so extrem gekantet wird, dann kann doch Luft an die in der Mitte sitzende Finne kommen. Aus diesem Grunde werden zusätzlich vor der Hauptfinne meist 2 kleinere an die Kanten gesetzt, die zudem noch eine höhere Drehfreudigkeit bewirken.

Um die genannten Störungen unter Wasser zu vermeiden, hat es nicht an Versuchen gefehlt, diesen durch kon-

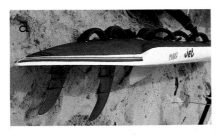

struktive Ideen zu begegnen. So etwa durch die Fences, die die vom Brett an der Finne nach unten strömende Luft ablenken und bremsen soll. Oder man entwickelte einseitig profilierte Finnen, die wie eine Flugzeugtragfläche nur einseitig einen Sog entwickeln. Es ist aber nicht schlüssig erwiesen, ob diese Raffinessen wirklich Abhilfe schaffen.

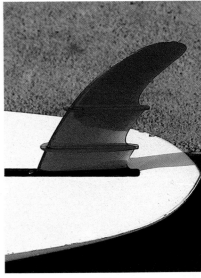

Vorn zwei einseitg profilierte Finnen.

Lexan-Finne mit zwei kleinen Fences.

Ein voll versenkbares Schwert bringt erheblichen Fahrkomfort.

Das wichtigste an einem Schwert in einem Funboard ist, abgesehen von der Position, ebenfalls das Profil. Ein schlecht profiliertes Schwert entwickelt einen erheblichen Eigenwiderstand und kann darüber hinaus auch zur Verschlechterung der Fahreigenschaften führen. Da ein Funboard raumer als Halbwindkurs kein Schwert benötigt, sollte es möglichst voll versenkbar sein (a). Das bedeutet aber auch, daß der Widerstand des langen Schwertkastens durch das Vorhandensein von möglichst dicht schließenden Schwertlippen gemindert werden sollte. Benutzt man das Schwert zum Kreuzen, muß es steil angestellt werden können, möglichst hart sein und wenig seitliches

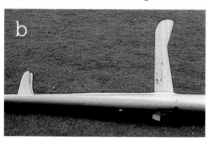

Spiel im Kasten haben (b). Ferner sollte es mit dem Fuß leicht zu bedienen sein.

Bei kurzen Funboards mit Schwert ist es wichtig, daß es, einmal nach hinten geklappt, auch fixiert ist und nicht bei jedem Sprung oder hartem Einsetzen nach unten fällt.

FUSS-SCHLAUFEN UND MASTFUSS

Fußschlaufen gehören zum Funboard wie die Bindung zu Skiern, sagen die Enthusiasten. Ganz so extrem mag es vielleicht nicht sein, aber ein Großteil der Faszination des Funboardsurfens ist an Fußschlaufen gebunden. Während in früheren Jahren Fußschlaufen nur für Könner reserviert schienen, hat sich inzwischen gezeigt, daß ein Anfänger nach dem Erlernen der Grundzüge des Surfens bereits mit Fußschlaufen gut zurecht kommen kann, sie sogar geradezu braucht, will er einen Großteil der Funboardtechnik beherrschen lernen. Fußsteuerung, Powerhalsen, Springen — dazu sind Fußschlaufen unbedingt nötig.

Während die ersten Fußschlaufen einfach aufs Brett oder ins Brett „zementiert"

wurden, unabhängig davon, ob die verschiedenen Benutzer kleine oder große Füße hatten, so gibt es heute die verschiedensten Schlaufensysteme, die sowohl in der Position als auch in der Größe verstellbar und auch ganz abschraubbar sind. Es hat hier ebenfalls nicht an Versuchen gefehlt, analog zu den Skibindungen, Sicherheitsfußschlaufen zu konstruieren, allerdings funktioniert keines der angebotenen Systeme bisher zufriedenstellend. Die einzige verläßliche Sicherheitsmaßnahme ist bisher das individuelle Einstellen. Fußschlaufen können fast nie zu eng, sondern nur zu lose sein. Die meisten Verletzungen im Zusammenhang mit Fußschlaufen rühren von zu großen Fußschlaufen her. Der Fuß rutscht bis zum Spann durch, und bei einem Sturz nach vorn kann sich der Fuß nicht mehr befreien. Die Folge können gebrochene Mittelfußknochen sein, obwohl das bisher nur ganz selten vorgekommen ist. Auch ein Verdrehen des Fußes in einer zu großen Schlaufe ist sehr leicht möglich. Als Faustregel kann gelten: Steckt der Fuß in der Schlaufe, dürfen auf der anderen Seite lediglich die Zehen herausschauen. Bei

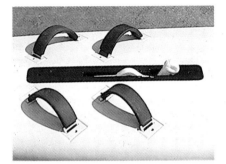

Abb. links und oben: Leicht zu montierende Schlaufensysteme.

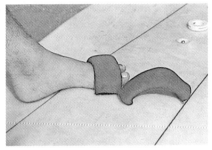

Nur die Zehen dürfen bei richtiger Einstellung herausschauen.

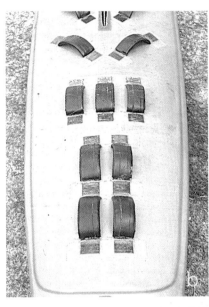

einem Schritt nach vorn muß der Fuß nach hinten herausdrehen können.

Die Position der Schlaufen richtet sich sowohl nach der Art des Brettes, dem Fahrkönnen des Benutzers als auch nach seinem persönlichen Fahrstil. Es hat sich gezeigt, daß Surfanfänger bei ihren ersten Fußschlaufenversuchen auf einem All-round-Funboard meist noch nicht den typischen Funboardfahrstil (mit den Füßen relativ weit hinten) beherrschen. Für diese Anfangszeit sollten die vorderen Schlaufen, etwa in einem Winkel von 45° zur Brettrichtung und 40 bis 50 cm hinter dem Mastfuß montiert sein (a). Die inneren Befestigungspunkte sind nur etwa 5−10 cm von der Mittellinie des Brettes entfernt. Die hinteren Schlaufen sind entweder auf der Mittellinie und sind von beiden Seiten zu benutzen oder stehen parallel nebeneinander (b).

Bei einem Allround-Funboard besteht die übliche Ausrüstung aus 2 vorderen Schlaufenpaaren und 2−3 hinteren Fußschlaufen (c), wobei die jeweils vorderen mehr für etwas höhere Halbwindkurse und für geringeren Wind, die hinteren eher für Raumkurse und für höhere Ge-

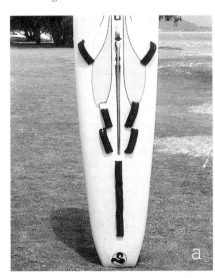

schwindigkeiten plaziert sind. Die Schlaufenanzahl und -positionen bei kurzen Funboards richtet sich nach der Größe des Brettes. Ein Floater mit über 3 m Länge verlangt meistens auf den verschiedenen Kursen eine angepaßte Körperstellung und wird ähnlich wie ein Allround-Funboard ausgerüstet sein (a). Unter einer

a1

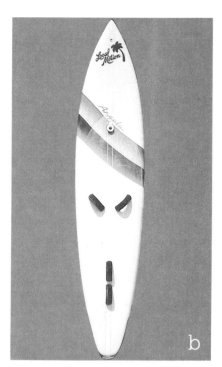

b

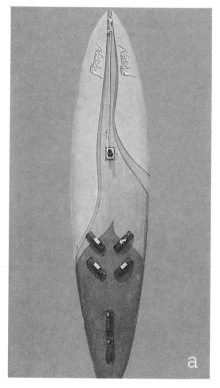

a

Länge von 3 m, also bei Semi-Floatern und Sinkern, werden fast alle Kurse mit einer Körperstellung zum Brett gefahren. Hauptsächlich deswegen, weil diese Bretter ohne Schwert gebaut sind und sich somit ihr Lateralplan nur unwesentlich verschiebt. Im Gegensatz zu einem Board mit Schwert, dessen Lateraldruckpunkt sich erheblich verändern kann.

Bei den ganz kurzen Boards gibt es auch noch verschiedene Möglichkeiten der Schlaufenmontage: Die gebräuchlichste ist ein Schlaufenpaar vorn mit einer hinteren Schlaufe (a₁). Oft wird eine zusätzliche mittlere Schlaufe hinter der vorderen nützlich, um beim Abreiten der Wellen besser mit den Knien schieben zu können oder ganz enge Halsen zu fahren (b). Eine andere Möglichkeit, besonders für schmale Bretter, ist die Anbringung aller Schlaufen in einer Mittelreihe (c). Bei den langen Rennbrettern sind sehr viele Schlaufen nötig, um für alle Winkel zur Windrichtung und für alle Windstärken den optimalen Stand zu haben (Abb. c, S. 30).

Ein wichtiges Ausrüstungsteil ist bei Funboards die Riggsicherungsleine. Während bei den Allroundbrettern die Riggsicherung in der jeweils anderen der beiden

c

Mastfußbuchsen steckt, so kann eine derartige Sicherung für Funboards schnell verhängnisvoll werden. Erstens ist der Abstand und damit die Länge der Leine zu kurz, um einen plötzlichen Zug auszuhalten, hinter dem noch die volle Wucht des Sturzes, des Bretts oder des Surfers steckt, und zweitens kann durch die zu enge Verbindung das Brett oder das Rigg in der Brandung sehr leicht beschädigt werden, weil beides gegeneinander geschlagen wird. Deshalb sollte die Sicherung von der Abschleppöse am Bug zum Mastfuß führen und möglichst aus einem elastischen Gummi bestehen, das Schläge weitgehend abfedert. So sind Board und Rigg relativ weit voneinander getrennt, aber hängen noch zusammen (a).

Bei den Sinkern entfällt die Mastfußsicherung in den Fällen, da das Brett fest mit dem Rigg verbunden ist. Diese Bretter sind so klein, daß darauf verzichtet werden kann. Auch in Notfällen drehen oder kippen diese Bretter im Wasser mühelos weiter. Zum Schutz des Boards an der Stelle, wo der Mast auf das Deck treffen kann, gibt es Mastfußüberzüge aus Neopren (b).

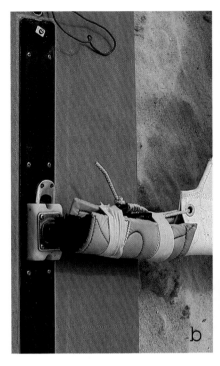

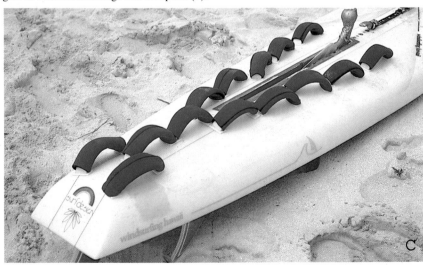

EINFÜHRUNG

Nur wenige Surfer haben dem Rigg bisher die Bedeutung beigemessen, die es als Antrieb des Boards verdient. Lediglich die Regattainteressierten bemühten sich um aerodynamisches Verständnis, wohl wissend, daß der schnellste Rumpf wenig nützt ohne ein entsprechend gutes Segel für den Vortrieb. Jahrelang galt das Interesse nur dem Board und den Finnen, während das Rigg eine Art Schattendasein führte. Diese Haltung änderte sich auch beim Aufkommen der ersten Funboards. Zunächst waren Funboards hauptsächlich Zweitbretter, und es wurde das Rigg vom Erstbrett dazu verwendet. Wehte es einmal ein wenig mehr, holte man das alte Sturmsegel heraus. War das Brett dann schwer zu kontrollieren, luvte dauernd an oder ließ sich schwer wenden, wurden die Fehler am Brett gesucht, nicht ahnend, daß derartige Schwierigkeiten durchaus von einem schlecht getrimmten Segel oder gar einem uneffektiven Rigg herrühren konnten. Daß ein gutes Rigg nicht nur für den Fortgeschrittenen und Könner wichtig ist, kann jeder Anfänger bestätigen, der einmal ein leicht zu handhabendes vortriebsstarkes und leichtes Rigg in den Händen hatte.

HISTORISCHE ENTWICKLUNG DES WINDSURFING-RIGGS

Es tauchen zwar immer wieder neue Urheber und vermeintliche Erfinder auf, die das Surfrigg schon früher erdacht haben wollen, nichtsdestoweniger waren es Jim Drake und Hoyle Schweitzer, die diese Jahrhunderterfindung des Segelsports in die Tat umsetzten und weltweit verbreiteten. Vor allem der Flugzeugkonstrukteur Jim Drake war eher ein Segler als ein Wellenreiter, und er erdachte das bahnbrechende Prinzip der Riggsteuerung. Schon vor über einem Jahrzehnt legte er die Ausmaße des Riggs für den legendären Windsurfer fest, die noch lange später das Maß aller Dinge waren.

Als Jahre danach neue Hersteller mit ihren Produkten auf den Markt kamen, versuchte jeder mit einem längeren Gabelbaum, einem längeren Mast und einem größeren Segel (zusammen vermeintlich besser) das bisherige zu übertreffen. Daß diese Entwicklung zum Teil ein fataler

Die ersten Windsurfriggs verlangten sehr viel Kraft des Surfers. Zu weiche Masten erschwerten den Segelstand.

Fehler war, hat man erst sehr spät erkannt. Aber auch die Segelhersteller taten sich schwer mit den Windsurfsegeln. Die an einem Surfrigg doch anders wirkenden Verwindungskräfte sind mit bisherigen Bootsriggs nicht zu vergleichen.

Die ersten sehr weichen Masten und Gabelbäume machten eine systematische Profilierung des Segels sehr schwer, da die Veränderungen des flexiblen Riggs schwer zu erfassen und zu korrigieren waren. So begann man zunächst härtere Gabelbäume aus Aluminium und härtere Masten aus Epoxydharz zu fertigen, um vor allem die seitliche Biegung und Verwindung zu reduzieren.

Durch das Anwachsen der Offenen Klasse im Regattageschehen wurde kurze Zeit später mit Aluminiummasten experimentiert, die härter waren und bessere Rückfederungseigenschaften hatten. Erst sehr spät hat man sich über die Relation

Gabelbaumlänge zu Mastlänge Gedanken gemacht: Beim Pan-Am-Cup 1980 brachten Segelmacher von der Insel Maui ein Rigg auf den Markt, das durch kurzen Gabelbaum und ausgestelltes Topp auffiel. Damit war der erste Durchbruch zu einem modernen Funboardrigg gemacht.

Typisches Maui-Rigg: Kurzer Gabelbaum und ausgestelltes Topp, durch zwei durchgehende Latten.

UMRISSFORM DES SEGELS

Auf einem Rennbrett der Division II gibt es fast keine Möglichkeit, die in den Vermessungsbestimmungen festgelegten Maximalmaße des Riggs zu verändern, zumindest nicht ohne dabei Fläche einbüßen zu müssen. Lange Zeit waren die Umrißformen dieser Bestimmung der Rahmen, an den sich die meisten Hersteller gehalten haben. Aus mehreren Gründen aber ist dieses Rigg für viele Situationen im weitgestreuten Surfbereich, vor allem aber für Funboards, ungeeignet. Zum einen ist der Gabelbaum zu lang; für Anfänger ist es schwer, das Rigg aus dem Wasser zu ziehen; für Fortgeschrittene sind extreme Manöver schwieriger. Durch die Länge ist das gesamte Rigg träger in der Bewegung, da das zusätzliche Gewicht eines langen Baums auch noch am weitesten vom Balancepunkt des Riggs entfernt ist. Zum anderen sitzt die Baumnock, das Gabelbaumende, auch für Allroundboards zu tief, es schleift oft im Wasser.

Da Funboardriggs aber frei von Vermessungsrestriktionen sind, konnten sich moderne, leicht zu handhabende Riggs entwickeln, die zu den neuen Brettkonstruktionen passen. Im Prinzip gibt es zwei verschiedene Arten von Riggs für Funboards, die beide ihren speziellen Einsatzbereich haben. Die eine Art hat eine geringe Vorliekskurvenkrümmung und eine positive Achterlieksrundung (b), die andere eine starke Vorliekskrümmung und ein gerades oder leicht negatives Achterliek (a). Für die erste Gruppe verwendet man eher harte Masten, für die zweite eher weichere Masten, wobei nicht unbedingt gesagt ist, daß die zweite Gruppe insgesamt weiche Riggs sind, da die Masten viel stärker durch das Spannen des Segels vorgebogen werden und im vorgebogenen Zustand wieder relativ hart sind.

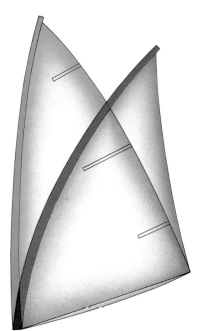

Lediglich der seitlich größere Federweg bleibt erhalten (vergl. Skizze oben).

Aerodynamische Untersuchungen haben ergeben, daß die Mitte des Segels den größten Vortrieb produziert, weil die übrige Fläche entweder durch das Mastprofil oder den Druckausgleich an den Lieken gestört sind (a).

Da aus Gründen der Handlichkeit die Länge des Mastes und des Gabelbaums vorgegeben sind, ist eine entsprechende Fläche nur durch eine Überrundung des Vorlieks (b) oder des Achterlieks (c) zu erreichen. Das bei starker Vorlieksrundung gerade Achterliek hat den Vorteil, meist lattenlos zu sein, was in der Brandung keinen Ärger mit gebrochenen Latten hervorruft und einfach im Aufbau ist. Demgegenüber aber haben diese Art Segel den Nachteil, nach kurzer Zeit im Achterliek auszuwehen. Das sich einstellende Killen des Tuchs kann zwar mit Hilfe einer kleinen Leine gestoppt werden, allerdings

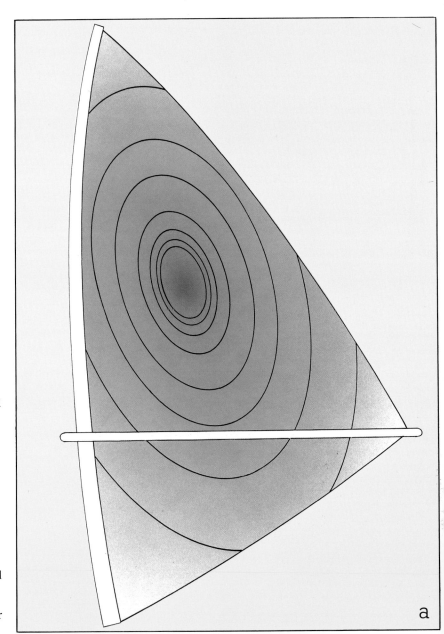

a

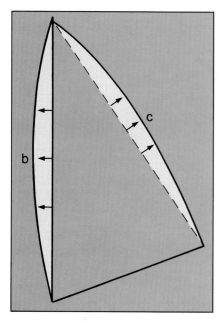

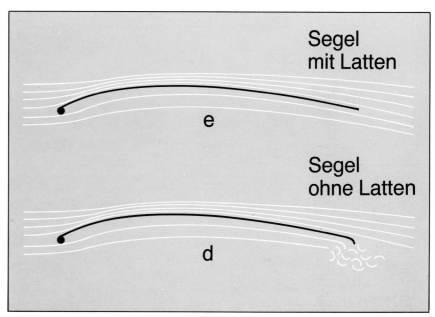

Segel mit Latten

e

Segel ohne Latten

d

tendiert das Achterliek dann zum „Krallen", das Profil läuft nicht mehr flach aus, sondern biegt am Ende nach Luv. Aerodynamisch gesehen entstehen an dieser „Kante" Turbulenzen, die, einfach gesagt, bremsen (d). Bei einem Rigg mit positiver Achterlieksrundung wird das ausgestellte Segeltuch durch Latten gehalten. Diese haben den Vorteil, das auslaufende Profil immer gerade zu halten (e).

Bei zunehmender Geschwindigkeit werden die Zugkräfte am Rigg sehr viel größer; aus diesem Grunde haben harte Riggs mit Lattenunterstützung weniger unter der Verformung zu leiden als weiche Riggs. Hingegen sind weiche Riggs angenehmer zu fahren, da durch das seitliche Ausweichen des Mastes plötzlich einfallende Böen abgepuffert werden. Normale Segelgrößen von 6−6,5 m² Fläche bedeuten bei Funboards erst den Anfang des Spaßes. Die optimalen Funboardverhältnisse finden wir etwa bei 5−6 Windstär-

In der Brandung sind kurze Gabelbäume für radikale Manöver unerläßlich.

ken. Hier werden kleinere Segelgrößen von 4,5–5,5 m^2 gefahren. Um unter diesen Bedingungen das Brett optimal beherrschen zu können und Manöver zu fahren, sind gute Sturmsegel unerläßlich. Um ein optimales Höhen-Breiten-Verhältnis des Riggs zu erhalten, sollte nicht nur das Vorliek kürzer werden, sondern auch die Gabelbaumlänge. Der Gabelbaum eines Funriggs sollte bei einer Segelgröße von 6–6,5 m^2 nicht länger als 250 cm sein. Segel von 5–5,5 m^2 sollten eine Baumlänge von ca. 230 cm haben. Bei extremen Starkwindbedingungen und den damit steigenden Anforderungen an die Fahrtechnik geht die Länge des Baums bis auf 180 cm zurück. Bäume dieser Länge erleichtern den Umgang mit dem Rigg erheblich und erleichtern das Fahren radikaler Manöver.

Es kann nicht oft genug betont werden, daß ein veraltetes Sturmsegel mit hohem Achterliek und langem Gabelbaum (a) die Möglichkeiten des besten Boards zunichte macht. Verglichen mit einem modernen Funrigg (b) für Starkwind muß es mehr Fläche haben und entwickelt damit einen wesentlich höheren Eigenwiderstand, um den gleichen Vortrieb zu erreichen. Bei den kleinen Sturmsegeln (c) (3–4 m^2) reicht das Achterliek nicht bis zum Top des normalen Mastes. Das überstehende Stück Mastschlauch ist eigentlich nur eine Behelfslösung, da dieses Topstück erstens zusätzliches Gewicht bringt und zweitens wiederum einen hohen Windwiderstand bietet, ohne Vortrieb zu bringen. Optimal sind in diesem Fall kurze Masten, die auf die eigentliche Länge des Segels abgestimmt sind (d).

Die Höhe der Baumnock ist bei Funriggs aus dem Grunde höher, da das Rigg bei zunehmender Geschwindigkeit mehr nach hinten geneigt wird. Allerdings ist es ein Trugschluß anzunehmen, je höher je besser. Optimal ist ein Rigg, das bei Manövern und bei schneller Fahrt gerade eben vom Wasser frei ist (e). Ein allzu großer Abstand zum Wasser und Deck oder gar ein schräg nach oben verlaufendes Unterliek ist aerodynamisch von Nachteil, da Turbulenzen am Unterliek den Vortrieb mindern (f).

Robby Naish in voller Gleitfahrt. Das Unterliek schließt gut ab.

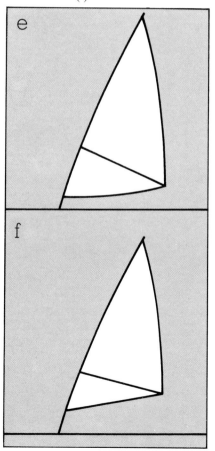

Die günstigste Umrißform eines Segels kann allerdings nur dann zu optimalem Handling und großem Vortrieb werden, wenn das Profil entsprechend konstruiert ist. Funriggs sind für höhere Windgeschwindigkeiten konzipiert, dementsprechend haben sie flache Profile.

Es ist wichtig, daß das Profil harmonisch verläuft und keine Enden, zum Beispiel an Lattenenden aufweist. Die größte Profiltiefe sollte vor der Mitte liegen und auch unter Belastung nicht hinter die Mitte wandern. Wichtig ist die Durchprofilierung des ganzen Segels, das heißt, keine Stelle darf total flach verlaufen. Das Profil sollte vom Kopf bis zum Fuß durchlaufen und erst in einem relativ kurzen Fuß nach innen gezogen sein (vergl. Grafik g, S. 38). Systematische Untersuchungen haben ergeben, daß jedes gut funktionierende Segelprofil ein gewisses Maß an Twist aufweisen muß, eine nach oben zunehmende Verwindung des Segels. Der Grund hierfür ist hauptsächlich in der nach oben zunehmenden Windgeschwindigkeit zu suchen, der der obere Teil des Segels durch einen veränderten Anstellwinkel begegnen muß. Wieviel Twist ein Segel haben muß, richtet sich nach dem Segeldruck, er muß also variabel sein.

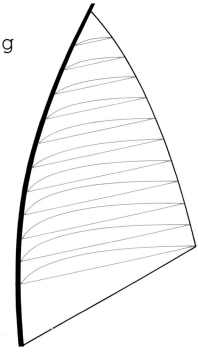

g

*Durchprofilierung des gesamten Segels
bringt optimalen Vortrieb.*

Ist ein Segel, zum Beispiel oben im Topp, zu weit ausgestellt und im Profil zu flach, dann kann es zuviel Twist haben, der außerdem zu früh beginnt (b). Es „weht aus". Erstens verliert es Vortrieb und zweitens kann mit solch einem Segel kaum Höhe gefahren werden. Ist bei einem Segel mit ausgestelltem Topp das Profil sehr tief und die Spannung am Achterliek sehr groß (a), dann öffnet das Topp überhaupt nicht. Es kommt zu bremsenden Turbulenzen. Zu einer gelungenen Funsegelkonstruktion gehört neben entsprechender Umrißform und Profil auch die Abstimmung der Vorliekskurve auf den Mast. Am einfachsten ist diese Abstimmung bei harten Masten, da sich hier geringere Veränderungen beim Segel er-

geben. In aufgespanntem Zustand kann man Unebenheiten an der Vorliekskurve an Falten oder zu flachen Stellen hinter dem Mast erkennen. Beim Kauf eines Segels sollte man sich auf jeden Fall über diese Abstimmung informieren, da die Korrektur der Vorliekskurve nur von einem erfahrenen Segelmacher vorgenommen werden kann.

Ein nicht unerheblicher Anteil an der Qualität eines Funsegels liegt in der Qualität des verwendeten Tuches. Hochwertiges Segeltuch zeichnet sich durch geringe Diagonaldehnungsweite und durch Flatterbeständigkeit aus. Beides kann man heutzutage von speziellen Testmaschinen

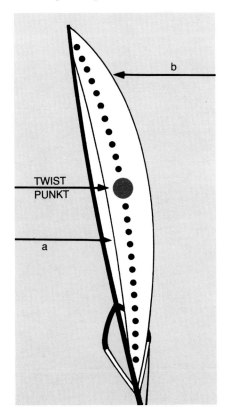

überprüfen lassen. Ein hohes Tuchgewicht ist ein Anzeichen für Qualität, aber nur verbunden mit guter Webdichte, aufwendigem Finish und der chemischen Endbehandlung. Diese drei Merkmale entscheiden über die Güte des Tuchs. Ein billiges Segel aus leichterem Tuch verliert bereits schnell durch übermäßige Dehnung des Tuchs an den beanspruchten Stellen seine ursprüngliche Form, die größte Profiltiefe („Bauch") wandert nach hinten. Das Segel zieht mehr (Querkraft), verliert aber an Vortriebswirksamkeit.

Relativ neu auf dem Markt sind sogenannte mylarbeschichtete Tuche. Mylar ist eine Folie, die auf ein Stützgewebe aufgeklebt wird. Während bei normalem Segeltuch die Güte des Tuchs hauptsächlich in der Webqualität liegt, übernimmt hier der Mylarfilm die Festigkeit des Materials und verringert die Diagonaldehnung (vergl. Skizze S. 39). Diese neuen Segeltuche haben gegenüber konventionellem Tuch erhebliche Vorteile. Zum einen sind sie wesentlich leichter — beim Gewicht stehen Dacrontuche mit 180 g/m^2 Mylartuchen mit 120 g/m^2 gegenüber, was eine 30 %ige Gewichtsersparnis ergibt. Dann verschafft der Film dem Tuch eine völlig glatte Oberfläche, was den Reibungswiderstand des Segels an der Luft erheblich mindert. Diese glatte Oberfläche nimmt auch nur noch einen Bruchteil der Wassermenge auf wie herkömmliches Tuch.

Durch das geringe Gewicht und die geringe Tuchdehnung sind Mylarsegel in Verbindung mit harten Masten extrem vortriebswirksam; jede Bö wird in Geschwindigkeit umgesetzt. Durch die Optimierung der Verklebung von Folie und Stützgewebe sind die Profile von Mylarsegeln inzwischen insgesamt haltbarer als herkömmliche, verlangen aber eine sorgsame Behandlung. Die beste Methode ist dabei, das Segel auf den Mast aufzurollen (c).

Mylarsegel setzen sich durch ihre Güte immer häufiger durch.

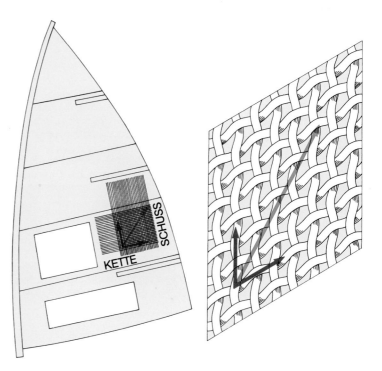

KETTE

SCHUSS

C

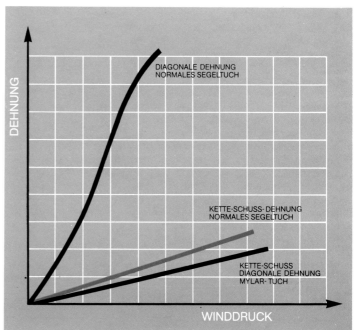

DEHNUNG

DIAGONALE DEHNUNG
NORMALES SEGELTUCH

KETTE-SCHUSS- DEHNUNG
NORMALES SEGELTUCH

KETTE-SCHUSS
DIAGONALE DEHNUNG
MYLAR- TUCH

WINDDRUCK

MAST, GABELBAUM UND MASTFUSS

Das beste Segel aus dem teuersten Tuch kann seine Qualitäten nicht entwickeln, wenn es nicht zu Mast und Gabelbaum paßt.

Die ersten Masten für Windsurfbretter waren schlicht aus GFK. Sollten sie nicht zu schwer sein, konnten sie nicht zu hart gebaut werden. Die meisten Kunststoffmasten werden heute mit Epoxydharz gefertigt, was eine wesentlich höhere Belastbarkeit zuläßt. Bei der weit vorangeschrittenen Riggentwicklung sind die sehr weichen Masten nicht mehr brauchbar, da sie den Belastungen der Fahrtechnik und deren moderner Ausrüstung nicht mehr standhalten. Zwar gibt es seit längerer Zeit bereits härtere Aluminiummasten, die größtenteils von Regattafahrern benutzt werden, sich aber zunächst nicht für Starkwind und Brandung durchsetzen konnten, da sie zu leicht verbogen. Inzwischen wurden aber die verwendeten Legierungen verbessert, und es sind mittelharte und harte Alu-Masten auf dem Markt, die praktisch nicht mehr verbiegen und extrem bruchfest sind. Zudem gibt es teilbare Modelle, die auch längenverstellbar sind. Ein wesentlicher Vorteil gegenüber GFK-Masten ist außerdem die geringere Materialermüdung.

Wer an hohen Geschwindigkeiten interessiert ist, der sollte sich ohnehin für einen harten Mast entscheiden. Nur ein hartes Rigg kann die Profilerhaltung des Segels bei hohen Geschwindigkeiten garantieren. Auch sind die Rückfedereigenschaften bei harten Alu-Masten besser. Ebenfalls gut geeignet sind Kohlefaser-Masten, die vor allem bei hoher Festigkeit sehr leicht sind (bis zu 1500 g leicht). Allerdings sollten sie im Gabelbaumbereich und am Mastfuß genügend verstärkt sein, da Kohlefaserstoffe sehr empfindlich auf Punktbelastungen reagieren. Während ein Alu-Mast kaum teurer ist als ein herkömmlicher GFK-Mast, so kostet ein Kohlefaser-Mast in den meisten Fällen das doppelte. Ungeeignet sind harte Masten für extremes Springen, nicht so sehr wegen der Bruchgefahr des Mastes als der für das Brett. Beim harten Landen gibt ein harter Mast dem Brett Schläge, die es im Extremfall brechen können. Epoxydmasten aber sollten ebenfalls vor Gebrauch in der Brandung im Gabelbaumbereich und unten am Mastfuß verstärkt werden.

Seit einiger Zeit gibt es Variogabelbäume, die in der Länge dem jeweiligen Segel angepaßt werden können. Auf jeden Fall sollte der Baum nicht sehr weit über das Segel hinausreichen. Benutzt man häufiger ein kürzeres Segel, so lohnt sich die Anschaffung eines entsprechend kurzen Baums. Genau wie beim Mast sollte der Gabelbaum möglichst hart sein, um ungewollte Profilverschiebungen durch Nachgeben der Rohre zu vermeiden. Durch das Auseinanderbiegen der Rohre verkürzt sich das Innenmaß, die Folge ist verheerend; bei Starkwind oder einer Bö wird das Segel im Profil voller („bauchiger") und nicht flacher, was es eigentlich werden sollte. Doch auch das vorhandene Profil ist bei vielen Gabelbäumen aus aerodynamischer Sicht nicht optimal. Funboardsegel sind zwar in der Regel relativ flach, aber trotzdem sind viele Bäume entweder zu schmal oder haben eine nicht dem Verlauf des Segelprofils entsprechende Kurve. Ein guter Baum ist auf seiner ganzen Länge vom Segel frei. Um dies zu erreichen, ist es allerdings wichtig, den Mast vorn relativ fest in der Mitte anzuschlagen.

Guter Segelstand durch harte Masten.

Zu weicher Mast kann Falten bringen.

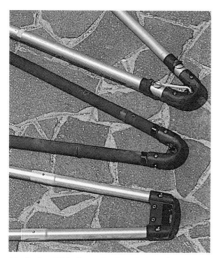

Nach dem Teleskopprinzip arbeiten die meisten Variogabelbäume.

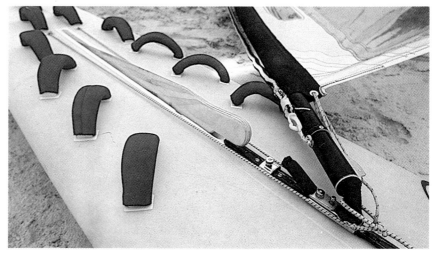

Mastfußverlängerungen mit Klemme für den Vorliekstrecker, werden üblicherweise auf Funboards gefahren.

Dieser Gabelbaum ist frei vom Segel.

Fast alle Gabelbäume haben neben der Klemme vorn für den Masttampen noch eine Klemme auf jeder Seite etwas hinter der Mitte, um den Segeltrimm zu verstellen. Für bestimmte Regattasegler mag das bei Leichtwind fürs Verstellen während der Fahrt sinnvoll sein. Für ein Funboard jedoch ist es eher unbrauchbar. Zunächst reicht eine Klemme, schon um unnötige störende Beschläge und Leinen zu vermeiden; zum anderen ist die Klemme hinten am Ende wesentlich besser aufgehoben, da das Spannen sehr viel leichter geht. Zur Beschaffenheit der Endstücke ist weiter noch zu bemerken, daß alle Kanten möglichst abgerundet sein sollten und am besten mit einer Gummiarmierung versehen sind, die sowohl das Brett vor Beschädigung als auch den Surfer vor Verletzungen bewahren kann.

Der Griffbelag sollte nicht zu grob sein und am besten auf das Rohr aufvulkanisiert oder geklebt werden. Die meisten nur darübergeschobenen Beläge tendieren dazu, sich zu verwinden, was wiederum vom Surfer sehr viel mehr Kraftaufwand erfordert. Reißt der Belag dann an einer Stelle zusätzlich an, fällt er leicht ganz ab.

Der Mastfuß ist lange Jahre ein Stiefkind der Entwicklung gewesen, sei es die so oft beschworene Sicherheitsauslösung oder das Oberstück zum Anschlagen des Segels. Kleine Einsätze mit einer nur dünnen Leine sind auf Funboards sehr ungeeignet. Zum einen ist zum Strecken des Vorlieks kaum Platz, zum anderen ist das Belegen mit Knoten sehr umständlich, genau wie das spätere Lösen. In den letzten Jahren hat es einen Boom für Mastfußverlängerungen und höhenverstellbare Mastfüße gegeben. Der Sinn und Zweck dieser Zubehörteile ist aber stark überschätzt worden. Sinnvoll ist eine Höhe von 30–50 cm vom Unterliek bis zum Deck. Hat man diesen geeigneten Abstand erreicht, ist ein weiteres Verstellen in den meisten Fällen unnötig. Absolut notwendig ist aber eine Klemme am Mastfuß, um den Vorliekstrecker schnell belegen oder lösen zu können.

WELCHES RIGG FÜR WELCHE BEDINGUNGEN

Die Beantwortung dieser Frage hängt von den verschiedenen individuellen Bedürfnissen des einzelnen Surfers ab. Das hier Gesagte kann deshalb lediglich eine grobe Entscheidungshilfe sein. Mit in die Überlegung fließen Veränderliche wie Revier, Art des Funboards und das persönliche Leistungsvermögen ein. Wer auf überwiegend flachem Gewässer surft, an Regatten interessiert ist oder gern mit Sinkern Wellen abreitet, der sollte sich für ein hartes Rigg entscheiden. Nur das harte Rigg garantiert das Umsetzen jeder Bö in Vortrieb. In einer Regatta kann man nur mit einem harten Rigg durch geringe seitliche Biegung genügend Höhe laufen. Der Wasserstart ist mit einem harten Rigg wesentlich einfacher, und die Zugkräfte des Riggs bei radikalen Manövern sind verläßlicher, da es dem Druck weniger ausweicht. Es sollen hier aber auch nicht die Nachteile eines harten Riggs übersehen werden. Funboard-Einsteiger, die allzu oft ihr Rigg aus dem Wasser ziehen müssen, tun sich mit einem harten Rigg schwer, da es sich beim Zug nicht so leicht im Wasser verwindet und das Wasser nicht so mühelos abfließen lassen kann wie ein weicheres Rigg. Ein weiterer Nachteil liegt in der bedingten Verwendbarkeit beim Springen. Kleine bis mittlere Hüpfer machen zwar wenig Probleme; erreichen die Sprünge jedoch eine Höhe von einem Meter und mehr, so werden die Belastungen für Körper und Brett bei fehlerhafter Landung enorm groß, denn das Rigg kann den Aufprall nicht mehr so gut abfedern. Ein hartes Rigg ist mit Sicherheit schneller, aber verlangt vom Surfer fehlerfreie Bedienung. Wer also kein ausgesprochener Profi ist, eher ein gelegentlicher Fun-boardfreund, der ist mit einem mittelharten Mast besser bedient; er muß zwar auf ein wenig Geschwindigkeit verzichten, aber Bedienungsfehler werden ihm eher verziehen. Das Rigg ist leichter aus dem Wasser zu ziehen, und nach dem Springen ist die Landung nicht so hart und man schont das Board.

Zu einer guten Funboardausrüstung gehören etwa drei Segelgrößen, um für den Windbereich von 4−7 Windstärken optimal ausgerüstet zu sein. Zunächst braucht man ein Segel für die typischen Funboardbedingungen, bei denen schon Speed und radikale Manöver angesagt sind, aber der körperliche Einsatz noch Spaß macht, also ungefähr Windstärke 5. Je nach Fahrkönnen ist hier ein Segel mit $5−5,5$ m^2 das Richtige. Sollte es dann mit knapp 4 Windstärken an der unteren Grenze sein, wird ein Segel von $6−6,5$ m^2 vielleicht gerade nicht ausreichen, um ins Gleiten zu kommen. Bei dieser Gelegenheit sollte ein häufig angenommener Trugschluß aus der Welt geräumt werden. Zu geringe Windstärken lassen sich nur bis zu einem gewissen Grad durch mehr Segelfläche ausgleichen. Herrschen deutlich weniger als 4 Beaufort, dann wird auch ein 8 m^2-Segel das Brett nicht mehr ins Gleiten bringen. Bläst der Wind mit 6 und mehr Windstärken, so ist ein Sturmsegel von etwa $4−4,5$ m^2 notwendig. Mit diesen drei Segeln ist der gesamte Windbereich für Funboards ausreichend abgedeckt. Für alle diese Größen sind kurze Gabelbäume zu empfehlen. Lediglich für noch größere Regatta-Funsegel bis etwa 7 m^2 und für Allround-Funboards bei Leichtwind werden lange Gabelbäume gebraucht. Es hat keinen Sinn, bei Starkwind ein zu großes Segel zu wählen, wenn man nicht eine Regatta gewinnen oder einen Rekord brechen will. Man sollte immer die Segelgröße wählen, die ausreicht, um das Brett ins Gleiten zu bringen. Dann hat man den größten Spaß am Fahren und an den Manövern, ohne ständig seine ganze Kraft und Konzentration nur für das Halten des Riggs aufzubringen; abgesehen davon, daß zuviel Segelfläche sich oft nicht in mehr Geschwindigkeit umsetzen läßt, sondern im Starkwindbereich eher bremsend wirkt. Profis und fanatische Funboardfans werden meist noch ein Sturmsegel und ein größeres Segel zusätzlich besitzen. Verständlicherweise beginnt der Spaß für Funboardfahrer erst ab 4 Windstärken, auf die allerdings so mancher ein paar Tage warten muß. Hat man dann optimale Bedingungen, ärgert sich jeder, der nicht die richtige Ausrüstung besitzt.

DIE TECHNIK

EINFÜHRUNG

Die Technik des Windsurfens ist das Thema schon sehr vieler Bücher. Dem Stand der Entwicklung entsprechend, beschränkt sich die Beschreibung in diesen Werken aber hauptsächlich auf sogenannte Allroundboards, mit denen der Windsurfingsport bisher die größte Verbreitung erfahren hat. Nicht wenige Surfer haben aber im Laufe der Jahre die Erfahrung machen müssen, daß die Reizschwelle für Spaß ständig ein wenig steigt, und zwar Hand in Hand mit zunehmender Windstärke. Gleiten ist gefragt, und es gibt heute nicht wenige, die, kaum den Grundkurs hinter sich und die ersten Starkwinderfahrungen gemacht, bereits keine Lust mehr haben, bei Flaute „auf dem Brett zu stehen". Die Beliebtheit von Starkwindveranstaltungen wie dem Pan-Am-Cup, den Funboardregatten oder Hochgeschwindigkeitswettbewerben nimmt zu. Bisher ist jedoch nur wenig über die speziellen Besonderheiten gesagt oder geschrieben worden, die ein modernes Funboard hinsichtlich der Technik erfordert.

In diesem Abschnitt sollen in chronologischer Reihenfolge, beginnend mit dem Start, sämtliche Bewegungsabläufe der Funboardtechnik erklärend dargestellt werden. Es soll zum besseren Verständnis auch die Biomechanik der einzelnen Bewegungen und Handlungen angesprochen werden. Bleibt noch zu bemerken, daß vieles Angesprochene generell auch für Allroundbretter gilt.

DER START

Der Start auf einem Funboard ist eine der schwierigsten Phasen, erst recht in einer Brandungszone. Weiß man da nicht die richtige Technik anzuwenden, verbringt man etliche Stunden mit „Absteigen". Ärgerlich besonders dann, wenn man die zweite Phase vielleicht schon besser meistern würde. Über Verhältnisse am Meer soll in diesem Buch nicht weiter eingegangen werden, vielmehr möchten wir auf ein Buch von Jürgen Hönscheid und Stefan Zotschew „Brandungssurfen" hinweisen, das dieses Kapitel ausführlich behandelt. Die Bildserie zeigt den Start vom Strand in acht wichtigen Phasen.

1

So faßt man das Brett richtig an. Die Masthand hält den Mast kurz über dem Gabelbaum, die Segelhand hält das Brett an der Finne hochkant. Es ist darauf zu achten, das Rigg so hoch zu halten, daß es vom Boden frei ist. Dadurch, daß das Brett an den Mast gekippt wird, entsteht eine stabile Einheit.

2

Das Brett wird genau gegen die Wellen ins Wasser geschoben. Weiterhin ist darauf zu achten, daß das Gabelbaumende frei ist. Das Brett muß mit der Finne in der Hand seitlich dicht am Körper gehalten werden, um so die Abstände klein zu halten. Die Gefahr des Wegschlagens durch Wellen ist dann am geringsten.

3

Wenn etwa knietiefes Wasser erreicht ist, Wellen beobachten. Direkt nach einer Welle das Brett so aufs Wasser fallen lassen, daß der Bug in Fahrtrichtung liegt, meistens etwa 45° zur Welle. Wichtig: Der Mast zeigt weiterhin schräg nach hinten und man steht neben dem Heck in Luv.

4

Die freigewordene Hand faßt sofort an den Gabelbaum, während die Masthand weiterhin über dem Gabelbaum den Mast umfaßt. Sollte in der Zwischenzeit doch noch eine Welle unter dem Brett durchlaufen, oder man möchte eine größere Wellenpause für das Startmanöver abwarten, so kann durch Druck über das Rigg auf den Mastfuß das Brett auf der Stelle gehalten werden.

6

at man eine günstige Situation erspäht, faßt die Masthand an den Gabel-
um und das Segel wird dichtgenommen. Da es noch flach über dem
asser ist, entsteht noch nicht allzuviel Druck. Wichtig ist es, diese Bewe-
ng schnell zu machen, damit der Druck das Segel gleichmäßig erfaßt,
sonders den vorderen Arm nicht nach Lee oder hinten sacken lassen.

Wird diese Bewegung zu langsam gemacht, läuft das Brett in den Wind,
weil der Mastfuß durch den zuerst hinten ansetzenden Druck über die
Arme nach Luv gehebelt wird. Jetzt den hinteren Fuß auf das Heck des
Brettes setzen und leicht heranziehen, dadurch fällt das Brett etwas ab.

8

eichzeitig wird das Rigg höher angehoben, und durch die größer
rdende projizierte Segelfläche wird die Kraft des Segels so groß, daß der
fer sich am Rigg aufs Brett ziehen kann. Dabei sollte sich der Ober-
per etwas nach vorne lehnen, um genügend Druck auf den Mastfuß zu
en. Wichtig ist es, nicht auf das Brett zu steigen, denn dadurch dreht
: Brett sofort in den Wind. Man muß sich vom Rigg aufs Brett ziehen
en.

Der vordere Fuß wird nachgezogen, sobald der Zug des Riggs groß genug
geworden ist und, wenn vorhanden, gleich in eine vordere Schlaufe
geschoben, um für die folgenden Wellen der Brandungszone fest genug
mit dem Brett verbunden zu sein. Der vordere Fuß sollte sich genügend
nach vorne abstützen, um einem eventuellen Schleudersturz durch den
Widerstand der heranrollenden Wellen entgegenzuwirken.

DER WASSERSTART

Aus mehreren Gründen ist der Wasserstart eine Technik, die zu lernen es sich lohnt. Zum einen geht er schneller als ein herkömmlicher Start, zum zweiten ist er kräfteschonender und zum dritten wird in bestimmten Situationen das Material geschont; so zum Beispiel in der Brandung, wo ein in Lee liegendes Rigg schnell von der Gewalt der Brecher in Kleinteile zerlegt werden kann. Hinzu kommt die Tatsache, daß auf kleinen Brettern, den sogenannten Sinkern und Semifloatern, ein normaler Start gar nicht möglich ist, da sie entweder das Gewicht des Surfers nicht tragen können (zu geringes Volumen) oder der Mastfuß zu weit vorn sitzt, um das Rigg aufzuholen.

Für einen erfolgreichen Wasserstart müssen aber bestimmte Bedingungen vorhanden sein. Ausreichender Wind ist hier an erster Stelle zu nennen. Unter drei Windstärken wird auch der geschickteste Surfer seine Mühe haben; der Auftrieb des Riggs wird einfach nicht ausreichen, um aufs Brett gezogen zu werden. Ab drei Beaufort jedoch kann es, abhängig natürlich von der Segelgröße und dem eigenen Körpergewicht, klappen. Ebenfalls entscheidend für das schnelle Lernen dieser Technik ist das Material. Das Rigg sollte einen kurzen Gabelbaum (nicht länger als 2,40 m) und ein hochgeschnittenes Schothorn (high-clew) besitzen, damit es möglichst früh vom Wasser freikommen kann. Vorsicht ist beim Üben des Wasserstarts geboten: Auf keinen Fall sollte man im flachen Wasser vom Strand mit einem Brett starten, das zwingend einen Wasserstart verlangt, um dann draußen im Tiefen nicht mehr aufs Brett zu kommen. Deshalb am besten ein flaches, knie- bis hüfttiefes Gewässer mit gleichmäßigem Wind suchen, wo die Technik gefahrlos Schritt für Schritt geübt werden kann. Die folgende Fotoserie zeigt den Gesamtablauf eines Wasserstarts in acht Phasen.

Sollte die Windstärke doch an der unteren Grenze liegen oder der Wind draußen abflauen, so kann man durch folgenden Trick doch noch zum Erfolg kommen. Um den Hebel des eigenen Körpers zu verkleinern und den des Riggs zu vergrößern, beugt man Knie und Hüfte und greift mit der Masthand unter dem Gabelbaum an den Mast. Beherrscht man den Wasserstart, so sollte man bei ungewollten kleineren Wasserungen versuchen, die Kontrolle über das Rigg trotzdem zu behalten, indem man den Gabelbaum nicht losläßt und das Rigg über Wasser hält. So spart man sich die ersten vier Phasen des vorher beschriebenen Wasserstarts.

Brett, Rigg und Surfer liegen im Wasser, wobei das Rigg nach Luv zeigen muß. Ist das nicht der Fall, muß man es schwimmend dorthin drehen und gleichzeitig dafür sorgen, daß das Gabelbaumende zum Heck weist. Dies erreicht man dadurch, daß man den Mast während der Drehung ziemlich weit oben in Nähe des Topps hält.

Mit dem Rücken nach Luv hangelt man sich nun am Mast entlang zum Brett. Je weiter die Masthand nach unten wandert, desto steiler richtet sich das Rigg auf. Der Wind faßt nun ins Segel. Dadurch kann das Wasser nach hinten ablaufen. Mit der freien Hand und den Beinen schwimmt man nach Luv, um die Abdrift klein zu halten.

Der hintere Fuß steigt aufs Brett und schlüpft dabei gleich in eine Schlaufe (falls vorhanden und falls ihre Position für den Wasserstart stimmt, sie also sehr weit hinten ist). In dieser kritischen Phase muß man am Rigg hängen. Keineswegs darf man jetzt mit dem Fuß Druck auf das Brett ausüben, weil es sonst ungewollt anluvt.

Die Masthand greift jetzt an den Gabelbaum. Gleichzeitig zieht man das Brett mit dem Fuß zum Körper her. Dadurch fällt das Board ab, wie im Vergleich zu Bild 5 klar zu sehen ist. Das vordere Bein ist noch im Wasser, um durch verminderte Abdrift den Zug des Riggs möglichst zu steigern.

50

3

as Gabelbaumende ist jetzt frei, man kann damit beginnen, das Board
chtwinklig zum Wind auszurichten: Durch Zug am Mast luvt es an, durch
uck fällt es ab. Das geht auf Funboards und Allroundfunboards leichter
auf allen anderen Brett-Arten, weil die Mastspur nicht etwa in der
ettmitte, sondern deutlich davor sitzt.

4

Die Masthand hat den Gabelbaum erreicht, die Segelhand greift ihn jetzt.
Das Rigg ist möglichst nach hinten geneigt, man selbst befindet sich ebenfalls
hinten am Brett. Der hintere Fuß wird aufs Brett gesetzt und das Heck ein
wenig herangezogen. Das Segel wird bei ausreichendem Druck auf den
Mastfuß schon dichtgenommen.

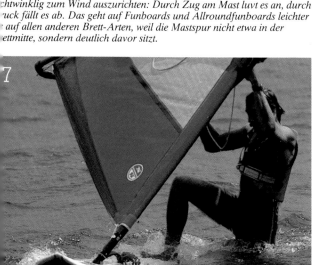

7

r Körperschwerpunkt ist nun so dicht am Brett und das Rigg steht so
t aufrecht, daß die Windkraft ausreicht, den Surfer aufs Brett zu ziehen.
n muß dabei wirklich am Rigg hängen und darf auf keinen Fall mit
n hinteren Fuß aufs Heck drücken oder gar das Bein schon strecken –
st luvt das Board wieder einmal an.

8

Der Lift aufs Board hat geklappt, das bislang noch im Wasser schwimmende
Bein wird automatisch „an Deck" gezogen. Der vordere Fuß schlüpft sofort
in eine Schlaufe, um sich gut abstützen zu können. Anschließend wird das
Segel sofort voll dichtgenommen und der Oberkörper gestreckt – der
Wasserstart ist damit beendet.

FAHRTECHNIK

Nicht wenige Surfer haben leidvolle Stunden hinter sich gebracht, wenn sie bei für sie kritischen Windstärken versucht haben, mit der Allroundbrett-Technik ihr Funboard in Gang zu setzen oder gar optimal schnell damit zu fahren. Ein Grund dafür ist die nur begrenzte Eignung von Allroundbrettern für Starkwind.

Funboards haben eine von Allroundbrettern abweichende Lage von Lateralzu Segeldruckpunkt. Eine kurze Einführung in die Theorie wird das Verständnis für die neue Technik wesentlich erleichtern.

Das Prinzip von Segeldruckpunkt über Lateraldruckpunkt = Geradeausfahrt behält in den Anfängen des Funboards ebenfalls noch Gültigkeit. Jedoch kommt vor allen Dingen bei höherer Geschwindigkeit eine neue Komponente hinzu: Fußsteuerung. Die Fußsteuerung kann das vorher genannte System teilweise oder auch ganz außer Kraft setzen. Dazu ist aber der Einfluß einer zweiten Komponente notwendig. Der Volumenauftrieb wird durch dynamischen Auftrieb teilweise oder ganz ersetzt. Dynamischer Auftrieb ist das Prinzip des Wasserskis. Je mehr Geschwindigkeit, desto weiter nach hinten wandert der Lateraldruckpunkt, da das Brett vorne immer mehr aus dem Wasser kommt und die benetzte Fläche beim Gleiten von vorn nach hinten abnimmt. Als „Gegenmaßnahme" muß das Segel weiter nach hinten geneigt werden, um wieder ein ausgeglichenes Kräfteverhältnis zu ermöglichen. Auf Allroundbrettern wird dies meist durch einen kleinen Schritt nach hinten und Gewichtsverlagerung zum Heck hin bewirkt. Ansonsten spielt sich alles in der Brettmitte ab. Mit anderen Worten, der Standpunkt auf dem Brett in Ruhe und in Fahrt bis zu mittleren Geschwindigkeiten

ist fast der gleiche.

Auf einem Funboard jedoch ist die endgültige Körperhaltung in Fahrt wesentlich weiter nach hinten verlagert. Möglich gemacht wird dies nur durch zunehmenden dynamischen Auftrieb im Heckbereich. Auch die Fußsteuerung erfordert eine relativ weit hinten angesetzte Fußstellung. Je schneller das Board ist, desto

weiter wandert die benetzte Fläche nach hinten. Infolgedessen verlagert sich auch die Fußstellung immer mehr zum Heck hin. Es darf aber nur dann sehr viel Druck auf das Heck gebracht werden, wenn der Anteil des dynamischen Auftriebs sehr groß ist, zum Beispiel auf Halbwind- oder Raumschotkurs. Sobald der dynamische Auftrieb sinkt, weil etwa der Wind nach-

Richtiges hängen am Rigg bringt mehr Geschwindigkeit.

läßt, muß ein Teil des Gewichtes durch das Rigg getragen werden oder über das Rigg zum Mastfuß nach vorne verlagert werden, um eine optimale Gleitlage zu erhalten.

Der meistbeobachtete Fahrfehler ist folgender: Es wird auf dem Brett „gestanden". Richtig ist es aber, so wenig Gewicht wie möglich über die Füße auf das Brett zu bringen, sondern mehr am Rigg zu hängen. Noch ein zweiter Fehler ist oft in Verbindung mit den oben genannten zu beobachten. Die Fläche des Segels wird nicht optimal genutzt, weil das Rigg nicht dichtgeholt und nicht aufrecht genug gehalten wird. Bei einem Allroundbrett würde dieser Fehler zur Luvgierigkeit führen. Da auf einem Funboard der Lateraldruckpunkt, durch den weiter hinten sitzenden Schwertkasten oder nur mit Finnen ausgerüstet, weiter hinten liegt, neigt das Brett auch bei nicht korrekter Rigghaltung nicht so schnell zum Anluven.

Richtig ist es aber, das Rigg so aufrecht wie möglich zu fahren, das heißt die Masthand (gemeint ist freilich der Arm, aber der Ausdruck „Hand" hat sich eingebürgert) ist fast gestreckt, während die Segelhand angewinkelt ist. Diese beiden wichtigen Komponenten der Funboardtechnik lassen sich mit Hilfe des Trapezgurtes leichter erlernen, vorausgesetzt man beherrscht das Trapezfahren auf einem Allroundbrett.

Ein Hauptcharakteristikum des Funboardsurfens ist die **Kontrolle** des Riggs. Um es prinzipiell zu skizzieren: **Auf Allroundbrettern steht man auf dem Brett und bedient das Rigg (mit den Händen), (a); auf Funboards hängt man am Rigg und bedient das Brett (mit den Füßen), (b).**

Radikale Manöver wären nicht möglich, könnte man sich nicht auf die Kraft des Riggs verlassen. Aus diesem Grund muß man lernen und üben, mit der veränderlichen Kraft des Riggs umzugehen. Jeder

Abb. oben: Einleiten einer Wende auf einem Allroundbrett (Handarbeit).
Abb. unten: Einleiten einer Halse auf einem Funboard (Fußarbeit).

sollte beim Fahren für sich feststellen, daß zum Beispiel ein Überziehen des Segels nach Luv den Druck verringert, ebenso leichtes Auffieren mit der Segelhand. Dagegen führt stärkeres Dichtnehmen und aufrechteres Fahren des Riggs zur Erhöhung der Kraft, die den Surfer nach vorne-Lee zieht. Radikale Manöver sind zum überwiegenden Teil auf die Beherrschung dieser Kraftkomponente des Riggs zurückzuführen. Viele Fahrfehler lassen sich auf diese Weise problemlos korrigieren. Die folgende Bilderserie zeigt die optimale Körperhaltung auf Funboards.

Richtige Körperhaltung bei einer Powerhalse (oben), und einer Duck-Jibe (unten).

Robby Naish auf Halb-, Raum- und Amwindkurs (von oben nach unten).

KÖRPERHALTUNG UND TRAPEZTRIMM

Da ein Funboard erst ab 4 Windstärken seinem Namen Ehre macht, muß der Körper auch soviel Körperspannung aufbringen, um die Kräfte des Riggs und des Brettes zu beherrschen. Da diese muskuläre Belastung aber fast nur aus Haltearbeit (statische Belastung) besteht, kann sehr schnell eine Ermüdung eintreten, die jedem Surfer als „harte Unterarme" bekannt ist. Diese vorzeitige Ermüdung kann vermieden werden, wenn der Surfer lernt, während des Fahrens Phasen von entspannter, lockerer Körperhaltung einzubauen, in denen die Muskulatur sich wieder mit Sauerstoff versorgen kann. Hierzu sollte am besten eine leicht gebeugte Körperhaltung eingenommen werden, wobei Knie-, Hüft- und Ellenbogengelenke leicht gebeugt sind (a). Auf diese Weise kann der Körper auch am günstigsten auf Erschütterungen des Brettes reagieren und Stöße abfedern. Ein stocksteifer Rücken und unelastische Beine belasten Gelenke und Wirbelsäule stark, da praktisch keine „Federwege" mehr vorhanden sind.

Eine wesentliche Hilfe für Erholungsphasen stellt die Verwendung eines Trapezgurtes dar. Drei Dinge sind hierbei zu beachten:
● Paßform des Gurtes
● Länge der Trapezleinen
● Trimm der Trapezleinen am Gabelbaum

Der Gurt sollte einen möglichst breiten Teil des Rückens unterstützen und Abnäher haben, die die natürliche S-Form der Wirbelsäule nachempfinden. Weiterhin muß er gewährleisten, daß auch ein Teil des Zugs aus der Lendenwirbelsäule getragen wird. Der Haken sollte knapp unter dem Brustbein sitzen. Die Schnallen müssen erst bei voll eingeatmeter Lunge festgestellt werden, um die Atmung nicht zu behindern.

Neuerdings gibt es Gurte mit einem breiten Träger unter dem Haken, der ein Zusammendrücken des Brustkorbs durch Zug verhindert (b).

Die Länge der Trapezleinen sollte so eingestellt werden, daß die Arme relativ lang gehalten werden können, aber nicht völlig gestreckt werden müssen, um den Gabelbaum zu erreichen. Bei zu langen Leinen verbraucht man durch gestreckte

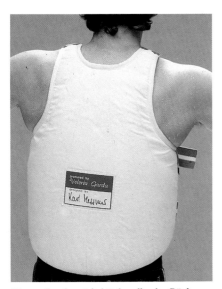

Bis zur Lendenwirbelsäule sollte das Rückenteil eines Trapezgurtes gehen.

Die Trapezleinen haben auf diesen drei Fotos die richtige Länge.

Arme zu viel Energie für eine Korrektur der Rigghaltung. Bei zu kurzen ist die Bewegungsfreiheit stark eingeschränkt. Besonders wichtig ist der richtige Trimm der Leinen am Gabelbaum. Der günstigste Trimm sollte ausgewogen zwischen vorn und hinten sein, das heißt, daß das Rigg eingehängt ruhig stehen bleibt. Es empfiehlt sich aber, die Leinen etwas weiter nach vorn zu nehmen, um den Zug auf der Segelhand etwas stärker zu haben. Zu einer sehr verkrampften und kraftkostenden Körperhaltung führen zu weit hinten befestigte Leinen. Das Rigg tendiert dazu, mit dem Mast nach Lee-hinten wegzusacken. Die Masthand muß dann sehr stark ziehen, während die Segelhand drücken muß. Gerade mit einer optimal getrimmten Trapezausrüstung läßt sich bei Wind kräftesparendes Surfen auf Funboards üben, wobei man seine Kräfte für präzise Technik und Manöver aufsparen kann.

DIE POWERHALSE

Seit jeher gilt die Halse als das schwierigste Manöver. Ein Grund wird darin zu suchen sein, daß sie im Vergleich zur Wende einfach weniger geübt wird. Das hat sich mit den Funboards aber geändert. Nach ein wenig Übung kann man feststellen, daß die Halse auf einem Funboard einfacher ist als die Wende, und zwar sprechen hierfür hauptsächlich vier Gründe: Erstens wird die Brettgeschwindigkeit nicht so stark abgebremst wie bei der Wende, es gibt im günstigsten Fall gar keinen Stillstand. Damit bleibt die Kippstabilität des Bretts in Fahrt durch den dynamischen Auftrieb erhalten. Zweitens ist der Zeitraum ohne Druck im Segel kurz und der damit verbundene Unsicherheitsfaktor der Balance geringer. Drittens beschränken sich die Bewegungen des Surfers lediglich auf eine 90°-Drehung des Körpers (Wende: 270°-Drehung), die am Heck fast von der Fahrtposition aus gemacht wird. Und viertens ist bei Boards unter 3 m Länge der Mastfuß oft so weit vorn angebracht, daß der Bug bei einer Wende durch die Belastung abkippen würde.

Bei der schnellen Halse gibt es prinzipiell fließende Übergänge: von der engen Powerhalse, bei der durch vermehrten Druck aufs Heck ein ganz enger Bogen „eingekratzt" wird, bei der aber die Geschwindigkeit sehr sinkt, bis hin zur langen Powerhalse, bei der man einen größeren Bogen beschreibt, dafür aber während des ganzen Manövers eine hohe Geschwindigkeit beibehält. Die erste Version würde man auf einem ganz kurzen Brett verwenden, um etwa beim Aufkreuzen nicht zuviel Höhe zu verlieren. Die lange Halse würde sich anbieten, um von einer Welle nach Lee abzufahren und vor ihr eine Halse zu machen.

Insgesamt ist die Halse auf Funboards

das flüssigste Manöver, dazu noch mit viel Spaß verbunden.

Die folgende Fotoserie zeigt den Ablauf in einzelnen Schritten, bei denen Fußschlaufen zur Fußsteuerung die Technik erleichtern.

Während des Halsen-Manövers muß sich der Körper zeitweise mit dem Körperschwerpunkt außerhalb des Bretts bewegen. Hat man sich beim „In-die-Kurve-legen" verschätzt, so kann man das noch während des Manövers korrigieren. Meist droht man nach Luv zu fallen. Dagegen kann man entweder schnell klein werden, das heißt mehr in die Hocke gehen, dadurch verkürzt man den eigenen Hebel am Rigg. Oder man kann mit den Füßen die Kurve schnell enger steuern, so daß der Druck des Riggs schneller größer wird und einen wieder aufrichtet.

Für die letzte Phase der Halse hat man auch die Möglichkeit, mit der Masthand noch am Mast sich erst in die Trapezleine einzuhaken und am Rigg zu hängen, bevor man den Gabelbaum ganz in Ruhe umgreifen kann.

Gleitfahrt auf Halbwindkurs: Wie vor der Wende stehen die Füße noch in den Schlaufen, maximale Geschwindigkeit. Zunächst durch kurzen Zug am Gabelbaum sich aus der Trapezleine aushaken. Wichtig: sich vor Einleiten des Manövers vergewissern, daß die „Bahn" frei ist und niemand in Lee fährt.

Der vordere Fuß rückt in die hinterste der vorder Schlaufen (wenn er nicht schon vorher darin steh Der hintere Fuß wird aus der Schlaufe genomm und wird hinten in Lee dicht an die kurveninner Brettkante gesetzt. Das Rigg wird weiterhin so aufrecht wie möglich gehalten.

Um das Weiterdrehen des Brettes zu unterstützen, wird die Innenkante weiter belastet. Zusätzlich wird das Rigg mit dem Mast hinten und der hinteren Hand dichtgeholt. Das Brett luvt wieder an, der Druck des Riggs wird wieder stärker.

Erst jetzt, wenn der Druck des Segels wieder g ist, wird das Rigg gehalst. In dem Augenblick, die Segelhand den Baum losläßt, führt die Ma hand den Mast ein wenig nach Luv, das Segel klappt um. Die neue Masthand greift den Mas kurz unter dem Gabelbaum und zieht das Rigg zügig weiter nach Luv.

allen! Dazu wird dosiert über den hinteren
~ Druck auf die Innenkante des Bretts gegeben,
~hzeitig wird der Körper über die Brettmitte
~racht. Der vordere Fuß unterstützt das Ankip-
des Bretts durch Anheben der Luvkante des
~ts. Das Segel wird weiterhin dichtgehalten.

Das Brett ist fast auf Vorwindkurs, die Geschwindigkeit läßt nach, die Segelhand fiert auf, Fuß-
wechsel: Um die Fahrt zu halten, setzt der hintere
Fuß nun ziemlich weit vorn in die Brettmitte oder
in eine vordere Fußschlaufe, während der vordere
aus der Fußschlaufe hinten auf das Heck aufsetzt.

DIE TAUCHHALSE
(DUCK-JIBE)

*freigewordene Segelhand greift nach dem
~lappen des Segels sofort an den Gabelbaum
~zieht das Segel wieder dicht. Gleichzeitig sollte
~intere Fuß wieder in eine Fußschlaufe schlüp-
~um einem „Ausheben" (Schleudersturz) vor-
~ugen.*

*Nachdem das Brett wieder angesprungen ist und
der Druck des Riggs wieder etwas nachgelassen
hat, greift die Masthand nach kurzem Armzug
schnell an den Gabelbaum. Jetzt kann man sich
wieder in die Trapezleine einhängen und die pas-
sende Schlaufenposition einnehmen.*

Diese neue Halsentechnik kommt
aus Hawaii, wo sie erst im Frühjahr
1982 erfunden oder wiederentdeckt
wurde. Wie so vieles hat der eine oder
andere den prinzipiellen Bewegungsablauf
vielleicht schon mal gemacht, aber erst
seit die Hawaiianer die Tauchhalse bei
Starkwind und hohen Geschwindigkeiten
fahren, kann man von ihrer eigentlichen
Erfindung sprechen. Sicher gibt es auch
bei diesem Manöver individuelle Versio-
nen, doch der wesentliche Unterschied
liegt darin, daß wie bei einem Segelboot
über das Achterliek gehalst wird und nicht,
wie bei der Powerhalse, übers Vorliek.
Die Fußsteuerung gleicht der bei der herkömmlichen Halse weitestgehend. Zunächst jedoch schwierig entpuppt sich jedoch
das Drehen des Riggs. Eine gute Tauchhalse zu fahren ist sicher nicht schwerer
als eine gute Powerhalse. Viele Funboardfahrer beherrschen nach einigen
Wochen Training die neue Technik ein-
wandfrei. Die folgende Fotoserie zeigt
den Ablauf des Manövers in acht Phasen.

Eine ebenfalls weitverbreitete Version
dieser Halse ist vor allem bei längeren
Gabelbäumen gebräuchlich. Die Masthand greift nicht hinter die Segelhand an
den Gabelbaum, sondern faßt das Unterliek vor dem Körper u. schwingt das Rigg
herum, während die freiwerdende Segelhand die andere Gabelbaumseite greift
(Abb. S. 66). Die Tauchhalse ist nicht
etwa eine Technik, die der konventionellen Halse in jedem Fall überlegen ist, sondern beide Varianten haben unter bestimmten Bedingungen Vor- o. Nachteile.

Zunächst ist auf glattem Wasser die
Tauchhalse auf jeden Fall schneller, da
das Segel nur eine 90°-Drehung macht,
während bei der Powerversion eine 270°-
Drehung des Riggs notwendig ist.

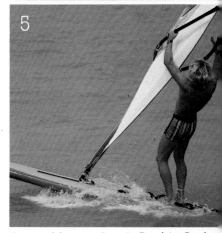

Gleitfahrt auf Halbwindkurs. Wie vor der konventionellen Halse stehen die Füße noch in den Schlaufen, man surft mit maximaler Geschwindigkeit. Dann hängt man sich aus den Trapeztampen aus und vergewissert sich, daß die Bahn frei ist. (Das Trapez ist vollständigkeitshalber erwähnt.)

Das Schiften des Riggs wird außerdem durch den Umstand beschleunigt, daß das Manöver bei voller Fahrt begonnen wird, somit der scheinbare Wind vorlich einfällt und durch die Kurvenbahn des Bretts bei schnellem Seitenwechsel der Wind den Mast wieder zum Surfer drückt.

Zum Trainieren dieser Halsentechnik ist deshalb zu empfehlen, bereits beim Abfallen das Rigg zu schiften, solange noch Fahrt im Brett ist. Ein oft zu beobachtender Fehler ist es, wie bei der Powerhalse solange mit dem Halsenmanöver des Riggs zu warten, bis das Brett auf Vorwindkurs nur noch wenig Fahrt hat. Läßt dann die Masthand los, weht das Rigg nach Lee und man erreicht den Gabelbaum nicht mehr rechtzeitig, bevor der Druck wieder zunimmt. Eine andere Möglichkeit, den Bewegungsablauf zu üben, ist es, bei weniger Wind ein Allround-Funboard zu benutzen.

Nicht geeignet ist die Tauchhalse bei sehr unruhigem Wasser mit kleinen Kabbelwellen. Bei Kurven mit hohen Geschwindigkeiten neigen die meisten Bretter dann zu spin-outs.

Auch hat man bei der Tauchhalse nicht wie bei der konventionellen Halse die Möglichkeit, eine vorsichtige, weniger radikale Variation zu wählen.

Bevor auf der neuen Luvseite Druck ins Segel kommt, läßt auch die alte Masthand (und neue Schothand) den Gabelbaum auf der vorherigen Luvseite los, um ebenfalls auf die neue Gabelbaumhälfte zu greifen. Das Board ist inzwischen auf Vorwindkurs.

Der vordere Fuß rückt in eine der vorderen Fußschlaufen, während der hintere Fuß aus der Schlaufe genommen wird und neben einer hinteren Schlaufe aufs Brett in die Nähe der Leekante gesetzt wird. Die Hände sollten so weit wie es geht bei normaler aufrechter Rigghaltung etwas nach hinten rutschen, wobei die Segelhand schon sehr weit nach hinten greift.

Bei unvermindert hoher Geschwindigkeit wird durch Druck des hinteren Fußes auf die Leekante das Abfallen begonnen. Die Masthand läßt den Gabelbaum vorn los und greift ihn wieder hinter der Segelhand, während diese das Rigg am Körper vorbei nach vorn schiebt.

Jetzt läßt die Segelhand los und greift unter dem Segel an die andere Seite des Gabelbaums, während die Masthand das Rigg zügig an sich und über sich vorbeizieht. Das Brett gelangt durch das gleichmäßige Belasten der kurveninneren Kante fast auf Vorwindkurs.

  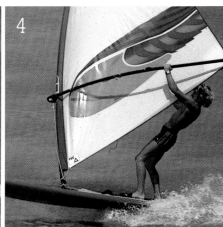

Der Surfer muß sich jetzt schnell mit den Händen am Gabelbaum nach vorn verholen, bevor der Druck zunimmt und das Rigg vorn am Mast nach Lee weggedrückt wird. In dieser kurzen Vorwindphase wird auch die Fußstellung gewechselt.

Das Brett ist bereits auf dem neuen Bug, und das Rigg wird wieder in die optimale Stellung gebracht und dichtgeholt. Die Füße rutschen in die Schlaufen und korrigieren den Kanteneinsatz, falls notwendig.

Nach Beendigung des Halsenkreises wird das Brett wieder mit den Füßen flachgestellt und nimmt volle Fahrt auf. Durch leichtes Auf- und Abbewegen des Gabelbaums wird der Trapeztampen zum Einhängen nach vorn geschwungen und fertig!

Mike Eskimo bei der Duck-Jibe.

DIE WENDE

Während man auf einem Allround-brett bereits nach kurzer Gewöhnungszeit durch die meist relativ große Kippstabilität in der Lage ist, das Wendemanöver langsam einzuüben, so muß man auf einem Funboard ein anderes Schrittempo vorlegen, obwohl es auch in der Familie der Funboards leichte und schwere Fälle gibt. Zu den leichteren gehört die Wende auf einem Allroundfunboard. Sie besitzen durch ihre Länge noch ausreichende Stabilität. Schwieriger wird es bei den kurzen Brettern, sofern mit ihnen eine Wende überhaupt noch möglich ist. Kurze Bretter sind im Stand oder bei geringer Fahrt sehr instabil, so daß die Gefahr des Mißlingens erheblich größer wird. Der Hauptgrund für das Wendeproblem auf Funboards ist konstruktionsbedingt.

Während ein Allroundboard im Stand und bei geringer Geschwindigkeit relativ stabil ist, dagegen bei höherem Speed zunehmend bockig wird, so verhält es sich bei Funboards fast umgekehrt. Im Stand und bei geringen Geschwindigkeiten sind sie ziemlich labil und schwer zu steuern, bei zunehmendem Speed dagegen immer problemloser zu kontrollieren.

Ein weiterer konstruktiver Grund besteht aber auch noch in der Anordnung des Lateralplans: Ein Allroundbrett bekommt durch sein normalerweise tiefgehendes Schwert und durch seine Breite im Stand und bei Manövern genügend Kippstabilität, die dem Allroundfunboard mit seinem kurzen Sturm- oder abgeklappten Schwert oder gar nur seinen Finnen fehlt. Für alle Funboards gilt jedoch folgende Maxime:

Die einzig dauerhaft verläßliche Kraft beim Funboardsurfen ist der Zug des Riggs und die Kontrolle darüber durch den Surfer selbst. Deshalb gilt bei Manövern: Zügig und entschlossen den Moment überwinden, bei dem man ohne die Kraft des Segels auskommen muß.

Eine Erkenntnis, die, wie so oft, schon wieder die Hawaiianer zuerst gewonnen haben. Ihre „schnellen Wenden" entpuppen sich nämlich gar nicht als schneller, verglichen mit denen der Europäer, gemessen vom Anluven bis zur vollendeten Fahrtaufnahme auf dem neuen Bug. Nur verzichten sie während der Wende nur einen kurzen Moment auf den Zug des Riggs, und der Seitenwechsel der Windanströmung im Segel geschieht blitzschnell.

Die folgende Fotoserie zeigt eine Wende auf einem Funboard in acht Phasen:

Gleitfahrt auf Halbwindkurs. Die Füße stehen noch in den Schlaufen, und man hängt noch eingehakt im Trapez. Die erste Maßnahme sollte sein, sich durch einen kurzen Zug am Gabelbaum aus der Trapezleine auszuhaken.

Das Brett anluven lassen. Zwei Maßnahmen können das bewirken: erstens das Rigg noch etwas mehr nach hinten kippen, bis das Baumende nur noch knapp über dem Wasser ist, und zweitens mit den Füßen das Brett nach Luv ankippen.

Am Segel zieht der Surfer sich nach oben und springt über den nach hinten geneigten Mast. Im Sprung zieht er mit der alten Masthand den Mast schon nach vorn und übergibt den Mast in die neue Masthand, die das Rigg weiter nach vorn zieht.

Der vordere Fuß hat knapp hinter dem Mastfuß aufgesetzt. Hat die neue Masthand das Rigg weit genug nach vorn-Luv gezogen, greift die Segelhand an den Gabelbaum und nimmt das Segel dicht. Um dem neuen Zug des Riggs entgegenzuwirken, sollte man sich beim Sprung gleich ein wenig nach hinten-Luv fallen lassen und den Fall dann durch das Dichtnehmen auffangen.

en vorderen Fuß aus der Fußschlaufe nehmen und seitlich knapp hinter en Mastfuß setzen. Die durch den weit hinten sitzenden Lateraldruckpunkt ngsame Drehung durch Überziehen des Segels unterstützen. Die Masthand t bereits bei dieser Bewegung den Mast kurz unter dem Gabelbaum efaßt.

Das Brett hat fast keine Geschwindigkeit mehr, und der Bug zeigt in den Wind. Der hintere Fuß ist aus der Schlaufe heraus und ein Stück nach vorne gesetzt. Der Körper hat eine leicht gebeugte Haltung, um den Körperschwerpunkt tief zu halten.

eich nach dem ersten Zug am Rigg greift die Masthand vom Mast wieder den Gabelbaum. Das Brett wird durch Druck auf den Mastfuß und auf vordere Bein zum Abfallen gebracht. Gleich nach dem Wegdrehen des gs den vorderen Fuß in die Schlaufe schieben.

Beim Fahrtaufnehmen schlüpft der hintere Fuß in die Fußschlaufe. Durch Fußsteuerung wird das Brett auf den gewünschten Kurs gebracht. Mit leichtem Schwingen des Gabelbaums wird die Trapezleine eingehängt.

DAS WELLENREITEN

Die neuesten Formen kurzer Funboards sind nicht zufällig immer mehr den Formen der Wellenbretter angenähert. Sie werden auch zum selben Zweck benutzt, nämlich zum Abreiten von Wellen, jetzt aber unterstützt von der Kraft des Riggs. Dem Vortrieb des Riggs ist es auch zu verdanken, daß man zum Abreiten von Wellen mit einem Windsurfbrett weder so hohe noch so steile Wellen benötigt wie die Wellenreiter. Mit ein wenig Übung und der richtigen Ausrüstung kann man bereits Wellenhöhen ab 30–50 cm zum Vortrieb nutzen. Zunächst muß die Erfahrung gemacht werden, daß man nur den vorderen Wellenhang befahren kann, um den Schub der Welle auszunutzen.

Wellen kommen aber fast nie gleichmäßig, sondern in sogenannten „Sets", das heißt, nach einer Reihe niedrigerer Wellen kommen einige höhere. „Auf eine Welle zu kommen" (eigentlich davor) ist bei genug Wind nicht schwer, man gleitet halbwinds eine Welle entlang und fällt dann mit ihr ab. Bei weniger Wind, der zum Gleiten eigentlich nicht ausreicht, muß man extrem abfallen, und wenn die Welle das Heck fast erreicht, durch Pumpen mit dem Rigg versuchen, die Welle zu erwischen. Dazu ist es oft besser, weiter vorn auf dem Brett zu stehen, um das Heck zu entlasten und nicht in die ausrollende Welle zu drücken.

Hat man die Welle erwischt, gilt es, die Welle so entlang zu fahren, daß man an ihrem vorderen Hang schräg etwa in der gleichen Höhe entlangsurft, immer den Schub ausnutzend. In diesem Fall braucht ein Funboard auch nicht unbedingt 4 Windstärken, um ins Gleiten zu kommen, sondern je nach Größe des Bretts und der vorhandenen Wellenhöhe kann man bereits ab 2 Windstärken seinen Spaß haben.

Je geringer die Windstärke ist, desto größer muß das Brett sein, mindestens jedoch ein Semi-Floater. Man muß es schaffen, gegen die Wellen durch die Brandungszone nach draußen zu kommen. Gelingt es einem dann, auf eine Welle zu kommen, wird durch die zunehmende Geschwindigkeit des Bretts auch die Windgeschwindigkeit am Rigg meist so groß, daß man am Gabelbaum hängen kann.

Das wesentliche Element aber ist die Fußsteuerung beim Wellenreiten. Mit kurzen Boards kann man bei entsprechender Wellenhöhe und -länge radikale Kursänderungen vornehmen. Der Kurvenradius kann um so enger sein, je weiter hinten die Füße stehen, die Gleitfläche ist dann kürzer und die Drehung einfacher. Eine große Hilfe und für extremes Fahren unerläßlich sind die Fußschlaufen. Dabei wird meist der vordere Fuß in einer Schlaufe stecken, während der hintere

entweder auch in einer hinteren Schlaufe steckt oder in vielen Fällen auf der einen oder anderen Seite des Boards das Kanten nach Lee oder Luv kontrolliert. Der Druck des hinteren Fußes kontrolliert sowohl

den Grad des Kantens als auch den gleichzeitigen Druck auf das Heck. Durch das Zusammenspiel der Fußarbeit kann das Brett regelrecht in zwei Dimensionen in alle Richtungen geführt werden. So können mit dem Windsurfbrett fast alle Manöver der Wellenreiter gefahren werden. Ein anspruchsvolles Manöver ist eine „Rail-to-rail-transition", wobei auf einer entsprechend großen Welle 90°-Kurven gefahren werden, bei denen das Brett die Welle von links nach rechts abfährt und umgekehrt, ohne mit dem Rigg zu halsen.

Beim Wellenreiten wird das Rigg fast gar nicht zur Steuerung eingesetzt, sondern bei allen Bewegungen des Boards ruhig gehalten, um den Vortrieb maximal zu nutzen. Oft ist aber der addierte Vortrieb von Rigg und Wellen zu groß, so daß man nicht selten beobachten kann, wie Surfer das Segel auffieren. Ziel ist es ja nicht, maximalen Speed zu machen, sondern die Geschwindigkeit der Wellen beizubehalten, um an ihrer Vorderfront möglichst radikale Manöver zu fahren.

Gut zu erkennen wie schräg an der Welle entlang gesurft, und der Wellenschub voll ausgenutzt wird (Abb. links und oben).

Der hintere Surfer nimmt eine radikale Kursänderung vor.

Man muß es schaffen, gegen die Wellen durch die Brandungszone nach draußen zu kommen.

Die Spur einer „Rail-to rail transition" ist deutlich erkennbar.

DAS SPRINGEN

Die ersten Sprungfotos aus Hawaii waren für jeden Windsurfer eine Sensation. Zwar gab es auch schon früher Aufnahmen, die halb oder ganz vom Wasser abgehobene Bretter zeigten, aber erst seit der Erfindung von Fußschlaufen hat sich das Springen als eine Disziplin entwickelt, die es erlaubt, völlige Kontrolle über das Brett in der Luft zu behalten. War diese Entdeckung erst gemacht, dann gab es in Hawaii die einfachsten Bedingungen, abzuheben. Dort gibt es viele Reviere, in denen die Wellen aus einer anderen Richtung angerollt kommen als der Wind bläst. Der günstigste Fall ist das Springen beim direkten Anfahren gegen die Wellenrichtung halbwinds oder gar raumschots wie am berühmten Diamond Head in Hawaii. In solch einem Revier ist das Abheben nicht das eigentliche Problem, sondern das kontrollierte Landen, das nicht ungefährlich ist.

Während beim Wellenreiten ungenügender Gleitwind ausreichen kann, so ist beim Springen ein guter Wind unerläßlich. Je besser die Wellen sind, desto geringer kann der Wind sein (bis zur unteren Funboardgrenze), obwohl es mehr Spaß macht, hinter einer Welle nicht nur herunterzufallen, sondern nach dem Absprung noch ein wenig weiter zu „fliegen". Bevor man sich an den Absprung wagt, sollte jeder überprüfen, ob sein Material dazu geeignet erscheint. Nicht zum Springen gebaut und ungeeignet sind Rennbretter und auch die meisten langen Allround-Funboards, sofern sie nicht mit Stringern und besonders gutem Baumaterial (Epoxydharz mit Kohle- oder Kevlargewebe) verarbeitet sind. Polyethylen ist eingeschränkt zu empfehlen. Auf langen Boards sind die bei unsachgemäßer Landung entstehenden Kräfte sehr hoch und führen leicht zum Brechen

Fußschlaufen ermöglichen eine völlige Kontrolle des Boards in der Luft.

Abb. oben: Typischer Flachwassersprung. Abb. unten: Sprung in der Brandung.

bzw. Lösen der Kern-Schale-Verbindung. Das Abheben wird erheblich erleichtert, wenn die hinteren Fußschlaufen benutzt werden. Gerade die hintere Fußschlaufe sollte dicht am Heck sitzen. Wichtig für die eigene Sicherheit als auch für die Lebensdauer des Boards ist die richtige Landung. Jede flache Landung muß vermieden werden. Bei den ersten Sprüngen sollte das Heck zuerst wieder aufkommen. Gelingt dies nicht, muß man versuchen, erst die Luvkante aufkommen zu lassen, um das flache Aufklatschen zu vermeiden.

Die folgende Fotoserie soll zeigen, wie man selbst von kleinen Wellen mit richtiger Technik abheben und landen kann.

Eine ganz wichtige Vorsichtsmaßnahme beim Springen ist das richtige Einstellen der Fußschlaufengröße. Gerade beim harten Landen können eingeklemmte Füße zu erheblichen Verletzungen führen. Ist man in einem Revier, das sehr hohe Sprünge erlaubt und man überdreht in der Luft, dann sollte man schleunigst aussteigen und sich vom Gerät abstoßen.

Die beschriebene Sprungtechnik galt für den schwierigen Fall von Wind und Welle aus gleicher Richtung. Wesentlich einfacher ist das Springen mit einem Winkel zwischen den beiden.

Bei fast allen größeren Wasserflächen, auf denen sich Wellen bilden, kann eine derartige Formation auftreten, nämlich dort, wo es Landvorsprünge, Landebrücken oder Buchten gibt. Die Wellen tendieren dazu, ohne Rücksicht auf die Windrichtung um diese Hindernisse kreisförmig herum zu brechen (vergl. Skizze Seite 81).

zu Bild 1:
Gleiten etwa auf Halbwindkurs. Die Füße stecken in Fußschlaufen, das Rigg wird optimal aufrecht gefahren. Der Surfer ist noch im Trapez eingehakt. Voraus, etwas in Luv sucht man nach einer geeigneten Welle.

zu Bild 2:
Eine gute Welle ist gesichtet worden. Um Geschwindigkeit aufzunehmen, wird mindestens auf Halbwindkurs abgefallen, besser etwas raumer. Jetzt aus dem Trapeztampen aushaken und in möglichst weit hinten sitzende Schlaufen schlüpfen.

zu Bild 3:
Die steilste Stelle der Welle anpeilen und anluven durch Nach-hinten-neigen des Riggs. Hat das Brett die Welle erreicht, kräftig mit dem vorderen Fuß die Luvkante hochziehen und den Körper nach hinten neigen. An der Welle das Anluven noch mehr verstärken. Die vorher leicht gebeugte Körperhaltung streckt sich im Sprung.

zu Bild 4:
Nach dem Abheben von der Welle in der Luft wieder etwas abfallen, indem der vordere Fuß gestreckt und der hintere angezogen wird. Bei den ersten Versuchen das Segel in der Luft auffieren.

zu Bild 5
Beim Landen den hinteren Fuß zuerst strecken, um erst mit dem Heck aufzusetzen. Gleichzeitig das Segel wieder dichtnehmen, um den Aufprall etwas abzufangen. Flache Landung auf jeden Fall vermeiden! Der Körper muß bei der Landung in Knien und Hüftgelenk das Aufsetzen abfedern.

zu Bild 6:
Auf Halbwindkurs abfallen und wieder Fahrt aufnehmen. Jetzt wieder in den Trapeztampen einhaken und die nächste geeignete Welle suchen.

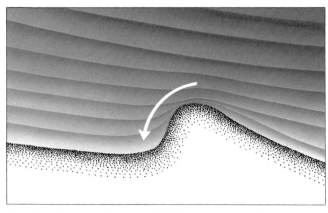

An solchen Landvorsprüngen, sind die Bedingungen zum Springen in den meisten Fällen besser.

EINFÜHRUNG

Funboards und Wettkampf empfinden nicht wenige Surfer als Widerspruch. Schließlich wurden die ersten Funboards eher dazu benutzt, fernab von Regatta und Regeln einfach nur Spaß zu haben. Viele Regattafahrer haben schon sehr bald ihr Funboard als lockeren Ausgleich zum konzentrierten Wettkampfsport gesehen. Dieses Verständnis ist aber in mehreren Punkten nicht umsichtig genug. Erstens gibt es kaum einen Regattafahrer, dem es, vielleicht abgesehen von gelegentlichen Unlustgefühlen, keinen Spaß macht, Regatta zu segeln. Ist er ein Profi, wird er nicht sehr lange seine guten Leistungen erbringen können, wenn ihm der Wettkampf keinen Spaß macht. Ist er dagegen ein Amateur, dann ist er ja sowieso frei und braucht nicht Regatta zu segeln, wenn er keine Lust hat.

Daß einer ganzen Reihe von Surfern die Lust am Regattasurfen vergangen ist, kann aber auch andere Gründe haben. Regattasurfen ist bisher der Organisationsform des Segelns angepaßt, was zunächst sehr richtig war, um überhaupt eine Form zu finden. Da Windsurfen eine recht junge Sportart ist, war der Wettkampf in der ersten Phase eigentlich immer

interessant genug, unabhängig davon, ob Wind war oder nicht.

Im Lauf der vergangenen 15 Jahre ist aber die Reizschwelle und das Leistungsvermögen der Windsurfer stark gestiegen. Als Folge davon mußte auch das Bedürfnis nach Wettkampf dementsprechend auf einer weiterentwickelten Ebene befriedigt werden. Es gibt überhaupt kein Starkwindrevier, wo nicht die ausgesprochenen Funboardsurfer nach kurzer Zeit wissen wollen, welches Brett und welches Rigg schneller sind oder welcher Surfer besser damit umgehen kann.

Und nicht zuletzt kann man sich auch nicht dem Argument verschließen, daß oft Regatten bei derartigen Leichtwindbedingungen durchgeführt werden, daß man sich zu Recht fragen muß, was an einer Flautenregatta sportlicher ist als am Tischfußball. Funboardregatten verlangen vom Surfer sowohl physische Ausdauerleistung, ausgefeilte Technik als auch taktische Überlegungen, die die richtige Wahl des Materials beinhalten. Ein weiterer Umstand, der zur Verbreitung von Funboardveranstaltungen geführt hat, ist die meist sehr viel höhere Zuschauerfreundlichkeit (die auch von den Medien erkannt worden ist), die vor allem durch die Spannung und Dynamik eines Funboardrennens erreicht wird.

DIE KURSE

Im Gegensatz zu dem herkömmlichen olympischen Dreieckskurs von Segelbooten und Surfbrettern besteht ein Funboardwettkampf günstigstenfalls aus 3 Disziplinen: dem Euro-Funboard-Kurs, einer Langstreckenregatta und sogenannten „Ins and Outs", kurzen Läufen in kleinen Gruppen durch den Brandungsgürtel und zurück. Alle drei Disziplinen werden je nach Durchführungsqualität unterschiedlich in einer Endwertung gewichtet.

Der Euro-Funboard-Kurs bevorteilt lange, aber schnelle Halbwind- und Raumschotkurse. Diese werden unterbrochen durch möglichst viele Halsenmanöver, die das Feld möglichst zusammenhalten und spannende Positionskämpfe provozieren. Die einzelnen Läufe sollten nicht länger als etwa 30 Minuten dauern, besser wäre es, eine höhere Anzahl an Läufen anzubieten.

Um das typische Funboard-Erlebnis zu erhalten, gibt es keine Vorwindstrecken, da hier das Segel in der Regel nur mit einem Staudruck angetrieben und somit nicht laminar angeströmt wird. Die „Ins-and-Outs"-Läufe werden nach dem K.O.-System durchgeführt, in dem aus Vorläufen die Besten über Viertel- und/oder Halbfinalläufe ins Finale kommen. Je nach den vorherrschenden Bedingungen werden kleine Gruppen entweder vom Strand aus oder von einer kurzen Startlinie im Wasser gestartet. Eine möglichst radikale Brandungszone muß mehrmals durchquert werden. Ein Lauf sollte nicht länger als 15 Minuten dauern, um möglichst oft spannende Starts und Bojenmanöver zustande kommen zu lassen.

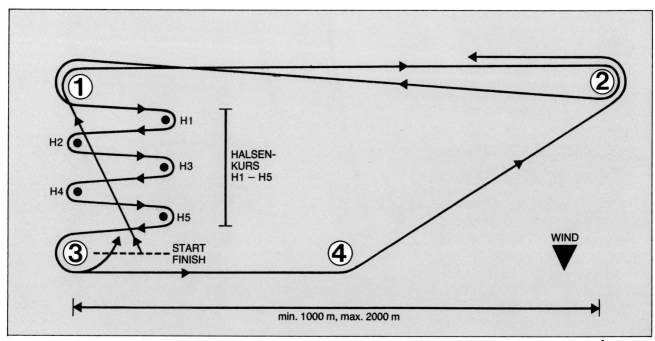

So sieht der Euro-Funboard-Kurs aus. Vorwindstrecken fallen völlig weg.

Abb. rechts: Regattateilnehmer bei Ins and Outs im Brandungsgürtel vor Sylt.

Beim alljährlichen Pan Am-Cup wird der Kurs der Ins and Outs auf einer Tafel erläutert. Jedesmal wird auf die Gefahren hingewiesen, die einem am Korallenriff erwarten.

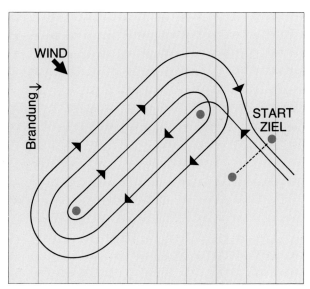

Der Kurs der Ins and Outs wird durch die Brandung gelegt.

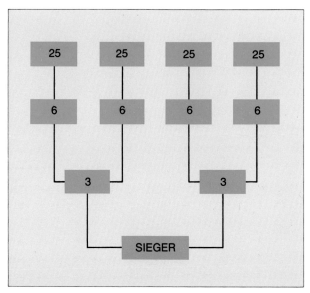

Schematische Darstellung eines K.O.-Systems, wonach der Sieger bei Ins and Outs ermittelt wird.

Es ist sehr schwer den Gegner von einer Welle zur anderen einzuholen.

DIE TAKTIK
DES MATERIALS

Im Gegensatz zur sogenannten One-Design-Klasse, bei der die Teilnehmer einer Regatta weitestgehend gleiches Material benutzen müssen, sind bei Funboardregatten der Konstruktionsklasse keinerlei Materialbeschränkungen vorhanden. Das hat den Vorteil, daß sich sehr viel und sehr schnell hochmodernes, optimales Material, sei es Rumpf oder Rigg, entwickeln konnte. Es hat auf der anderen Seite aber auch den Nachteil, daß eine komplette Funboardausrüstung sehr teuer ist. Die Taktik beginnt also bereits bei der Auswahl des Materials. Einfach mag dies noch beim Board sein, ein langes Regattabrett mit voll-versenkbarem Schwert und während der Fahrt trimmbarem Mastfuß ist im Moment der Entwicklung optimal anzusehen (a). Mit den langen Brettern werden die Funboardkurse, aber auch die Langstreckenregatta und die Ins and Outs gesegelt, wenn Kreuzstrecken dabei sind (b, c, d, e). Für den Fall, daß die Ins and Outs oder auch die Langstrecke keine Kreuz verlangt und der Wind sehr stark ist, werden diese Disziplinen auch mit kurzen Funboards gesegelt, da diese unter bestimmten Bedingungen schneller und auch beweglicher sind als die langen Rennmaschinen. Bei einem Regattabrett, das immer mit der maximal möglichen Segelfläche gesegelt wird, ist die reibungslose Funktion der Aggregate Schwert, Mastfuß und Fußschlaufen äußerst wichtig. Da die Geschwindigkeiten sehr hoch sind, müssen bei Verstellproblemen sonst wesentliche Verluste in Kauf genommen werden.

Das Schwert sollte gut durchprofiliert sein, ohne viel Spiel im Schwertkasten sitzen und vor dem Herausspringen gut gesichert sein. Oben am Kopf muß es so beschaffen sein, daß es sich mit dem Fuß

f

g

gut verstellen läßt. Es ist sehr schwer, ein gutes Mittel zu finden zwischen leichter Verstellbarkeit und dem Schutz vor dem Herunterrutschen bei harten Schlägen in der Welle, wozu es wieder relativ fest sitzen muß. Es gibt aber bereits gute Systeme, bei denen in den gewünschten Stellungen das Schwert einrastet und nach Überwindung eines ersten Widerstandes, der vor eigenmächtigem Verstellen schützt, dann aber leicht zu klappen ist. Der Schwertkasten sollte so eng wie möglich am besten durch Schwertlippen verschlossen sein.

Auch bei den in letzter Zeit aufgekommenen, sehr wirkungsvollen Mastfußverstellungen ist der Bedienungskomfort entscheidend für den zu gewinnenden Vorteil. Die Schiene und der Verstellmechanismus müssen regelmäßig gereinigt und gewartet werden, um die Reibung möglichst gering zu halten. Es gibt inzwischen eine ganze Reihe verschieden arbeitender Systeme auf dem Markt, obwohl die Entwicklung auch hier ständig fortschreitet (f, g).

Die Anordnung und Funktion der Fußschlaufen sind sehr wichtig, da bei der relativen Größe der Segelfläche (oft über 7 m^2) die Standposition auf jeden Fall optimal sein muß. So ist nicht nur die genügende Anzahl und Position der Schlaufen wichtig, sondern auch die richtige Größe und das aufrechte Stehen (g).

h

Konzentrationsverlust, der entsteht, um die Zehen in eine heruntergedrückte Fußschlaufe zu würgen, hat schon manchen vom Brett fegen lassen (h).

Daß das Board von unten fettfrei, sauber von eingetrocknetem Schlamm oder Sandrückständen und glatt ins Rennen geht, gehört ebenso zur gewissenhaften Vorbereitung, wie sicherzustellen, daß die Standfläche nicht zu rutschig ist und eventuell gewachst werden muß. Die größte taktische Materialentscheidung, die jedoch bereits vor dem Start zu treffen ist, betrifft die richtige Segelgröße. Will man ganz vorn mitmischen, muß man ein Segel wählen, das gerade eben noch zu halten und gleichzeitig am effektivsten ist, das heißt, daß die ganze Fläche vortriebswirksam eingesetzt werden kann. Bei einem zu kleinen Segel vergibt man einen Teil der maximalen Geschwindigkeit, bei einem zu großen dagegen sind die vorhandenen Energien schnell verbraucht, so daß schlimmstenfalls der Lauf aufgegeben werden muß. Die Wahl der Segelgröße ist ein Pokerspiel, auch zwischen den einzelnen Surfern, die sich oft an den Konkurrenten orientieren. Da Funboard-Regatten häufig in Landnähe stattfinden, kann man bis kurz vor dem Start mit der Entscheidung warten. Es sollten deswegen mindestens zwei Riggs fertig aufgetakelt

bereit liegen. Das einzugehende Risiko ist aber auch von Disziplin zu Disziplin verschieden. Bei einer Langstreckenregatta ist eher zu einem kleinen Segel zu raten als bei einem Lauf auf dem Funboardkurs.

Dagegen kann es bei Ins and Outs wieder richtiger sein, ein kleineres zu nehmen, um die dort wichtigen Manöver sicherer zu beherrschen. Auf flachem Wasser kann man bei gleicher Windstärke in der Regel ein größeres Segel nehmen als bei hohen Wellen.

Zu einem spürbaren Nachteil wird ein zu kleines Segel allerdings erst dann, wenn bei schwächerem Wind der Gleitzustand nicht immer erreicht wird. Da bei Funboardregatten das Material extrem hoch belastet wird, sollten vor jedem Lauf etwaige Schwachstellen wie Schwert, Masten oder Gabelbäume inclusive aller Tampen auf Schäden kontrolliert werden. Der Anblick eines durchgescheuerten oder ungesicherten Masttampens während einer Regatta kann erheblich von den eigentlichen taktischen Problemen ablenken. Materialmäßig gut vorbereitet in eine Regatta zu gehen, ist beileibe nichts Neues, aber immer wieder kann man feststellen, daß gute Surfer durch Nachlässigkeiten auf diesem Gebiet reelle Chancen auf eine gute Plazierung vergeben. Daß ausreichende Kontrolle des Materials aber auch jedem Nichtregattasurfer Sicherheit gibt, soll hier nicht unerwähnt bleiben.

Bewegungsfreiheit der Arme sollte ein Neoprenanzug in der Regatta gewähren.

Das Gleiche gilt für die entsprechende Bekleidung. Nicht jeder hat die Möglichkeit, in warmen Revieren zu surfen, so daß die Bekleidungsfrage überflüssig erscheint. Da aber Funboardregatten zwangsweise von Wind begleitet sind, ist fast immer ein Wärmeschutzanzug gegen Auskühlung zu empfehlen. Auf Schuhe sollte, wenn es irgend geht, verzichtet werden, da das Gefühl für das Brett doch erheblich verloren geht. Es hat sich gezeigt, daß Neopren-Anzüge aus Glatthautmaterial sich am besten eignen, da das Wasser schnell abläuft und die Verdunstungskälte relativ gering ist. Zudem sind Glatthautanzüge sehr dehnfähig und behindern nicht die Bewegungsfreiheit. Wichtig ist diese vor allen Dingen im Schultergürtel und an den Armen. Eng anliegende Neoprenjacken sind sehr behindernd und können leicht die Durchblutung in den Unterarmen stören. Besser sind lange Anzüge als Einteiler oder mit angesetzten Blousonärmeln. Ist es tatsächlich warm genug, sollte mindestens ein kurzer Anzug getragen werden, der den Körper warm hält.

DER TRIMM

Man hat an dem besten Material keine Freude, ist es falsch oder unzureichend getrimmt. Der prinzipielle Trimm des Schwerts im Brett läßt sich schwer verändern, der Neigungswinkel jedoch ist bei den meisten Brettern stufenlos verstellbar. An der Kreuz sollte das Schwert so steil wie möglich gefahren werden, bis zu einer Mindestneigung von 5°. Der entstehenden Kenterneigung kann durch Druck der Füße in die Schlaufen entgegengewirkt werden. Wird die Hebelkraft jedoch zu groß, so daß so hoch am Wind gesegelt wird, daß das Brett nicht mehr gleitet, so muß das Schwert etwas

geklappt werden, um dann mit etwas weniger Höhe, aber mehr Geschwindigkeit mit leicht angekippter Luvkante zu fahren (Abb. S. 94).

Einen wesentlichen Vorteil für den Trimm eines Regattabretts bietet der während der Fahrt verstellbare Mastfuß. Folgendes Prinzip liegt den gleitenden Riggs zugrunde: Bisher mußte bei der Position des Riggs immer ein Kompromiß eingegangen werden. Auf der Kreuz brauchte man durch das herausgeklappte Schwert und der relativ geringen Geschwindigkeit einen weit vorn sitzenden Mastfuß, um den Segeldruckpunkt über den Lateraldruckpunkt zu bringen. Auf Halbwind- oder Raumschotkursen dagegen ist das Board schneller, das Schwert weg- oder

hereingeklappt, die Gleitfläche wird nach hinten verlagert und kleiner. Demzufolge wandert der Lateraldruckpunkt sehr weit nach hinten. Jetzt braucht man einen weit hinten sitzenden Mastfuß, um den Segeldruckpunkt entsprechend über den Lateraldruckpunkt zu bringen. So mußte bisher mit hohem Schothorn gekreuzt werden, damit auf den Raumstrecken die Baumnock nicht im Wasser schleift.

Mit Hilfe der Verstellung kann das Segel auf den Kreuzstrecken optimal mit zum Deck parallelem Unterliek gefahren werden. Zudem kann das Volumen des ganzen Brettes genutzt werden, da der Surfer weiter vorn steht. Auf den Halbwind- oder Raumstrecken wird der Mastfuß ganz nach hinten gefahren, um bei geklapptem

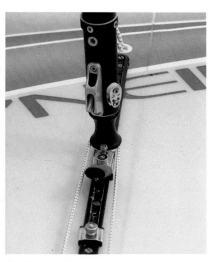

Die Trimmschiene ermöglicht auf allen Kursen einen optimalen Trimm.

Schwert sozusagen aus einem langen Brett ein kurzes zu machen. Die benetzte Fläche wird radikal verkleinert, da der vordere Teil des Boards aus dem Wasser gehoben wird. Läßt der Wind ein wenig nach, kann der Mastfuß ein wenig vorgerutscht werden, um die Gleitfläche wieder zu vergrößern.

Nicht zuletzt das Segel muß optimal eingestellt sein. Da Funboardriggs für Starkwind konzipiert sind, werden sie immer relativ flach getrimmt (a). Wichtig ist hierbei, den Trimm von Schothorn und Vorliek aufeinander abzustimmen. Ist das Schothorn stark durchgesetzt, muß das Vorliek ebenfalls dichtgezogen werden, da andernfalls die Profiltiefe (der „Bauch") zu weit hinten liegt. Auch die eventuell verstellbare Spannung einer durchgehenden Topplatte sollte darauf abgestimmt werden, ob das Segel früh oder spät öffnen soll. Bei weniger Wind soll es lange geschlossen bleiben (= weniger Spannung), bei mehr Wind früh twisten (= mehr Spannung).

DIE TAKTIK
IN DER REGATTA

Obwohl gewisse taktische Entscheidungen bereits an Land getroffen
werden müssen (c), bleibt auf dem
Wasser noch genug Raum für gedankliche
Maßnahmen, die den Ausgang der Wett-
fahrt noch entscheidend beeinflussen. Daß
eine fehlerlose Beherrschung der Fahrtechnik eine Grundvoraussetzung für
Erfolg ist, ist wohl jedem Regattainteressierten klar. Gerade bei den hohen Geschwindigkeiten haben fahrtechnische
Unsicherheiten Konzentrationsschwächen
zur Folge. Die Aufnahme aller äußeren
Umweltreize, Bedingung für taktisch richtige Entscheidungen, ist stark eingeschränkt.

Bedingt durch eine relativ kurze Startkreuz ist der Start sehr wichtig. Bereits
vor dem Start sollten die Schläge zur
ersten Tonne geplant sein. Sehr viel Raum
für taktische Schläge gibt es durch die hohe
Geschwindigkeit von Funboards nicht.
Jede Wende kostet sehr viel Zeit. Nur bei
extremen Winddrehungen wird der Ver-
lust bei einer Wende durch den richtigen
Bug wieder gewonnen. Daß nur ein Platz
in der ersten Reihe vor den Abwinden
der Konkurrenten schützen kann, ist ver-
ständlich. Daß aber auch dort Abwinde
von den seitlichen Konkurrenten auftreten
können, muß berücksichtigt werden. Der
Start einer Funboardregatta bei ja meist
stärkerem Wind verlangt eine gute Ein-
schätzung des relativ großen Vertreibens
während der Vorbereitungsminuten.
Diese Zeit und den dafür benötigten Raum
richtig abzuschätzen ist die größte Auf-
gabe, um beim Start an der gewünschten
Position zu sein. Nach dem Start freien
Wind zu haben, ist das erste Ziel. Ist man
noch einmal in den Abwinden eines Gegners gefangen, so ist ein Leedurchbruch
mit höherer Geschwindigkeit eher zu

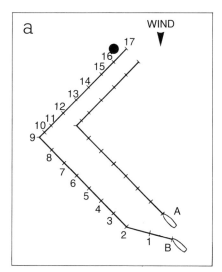

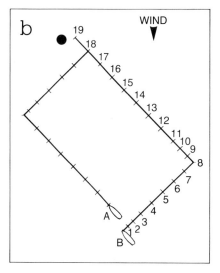

empfehlen als eine Wende. In der Skizze
ist zu erkennen, daß die Möglichkeit a
wesentlich schneller zur Tonne führt als
Möglichkeit b.

In Funboardregatten ist aus dem gleichen Grunde das knappe Verfehlen einer
Luvtonne besonders ärgerlich, deshalb
lieber ein paar Meter weiterfahren, um
dann zur Not mit angeklapptem Schwert
zum Schluß auf die Tonne abzufallen. Die

Erfahrung hat gezeigt, daß auf den der
Startkreuz folgenden Halbwind- oder
Raumstrecken das Feld auseinandergezo-
gen wird. Jede Sekunde, die man, relativ
langsam, länger kreuzt, bringt die Konkurrenten auf der folgenden Strecke in
voller Gleitfahrt voran. Auf diesen
Strecken sind taktische Maßnahmen relativ begrenzt, da die Ideallinie zur nächsten
Tonne meist gerade verläuft, es gilt also

Abb. oben: Regattafeld kurz nach dem Start. Abb. unten: Der zweite Surfer von rechts versucht in Lee durchzubrechen.

Nummer 69 ist etwas abgefallen und wird in Kürze Nummer 9 überholen.

das Brett mit optimaler Geschwindigkeit zu segeln. Durch die ungünstigen Abwindsituationen halbwinds oder raumschots ist ein Leedurchbruch schwierig, besonders dann, wenn der Gegner wachsam ist und die Kursänderung mitvollzieht. Besser ist es, zu versuchen, etwas Höhe zu schinden, um dann mit einer Bö und höherer Geschwindigkeit von Luv auf den Vordermann herunterzufahren, um ihn in den eigenen Abwindbereich zu bekommen. Versucht dieser auf einem Halbwindkurs den Angriff durch Anluven abzuwehren, wird er langsamer und es gelingt dann um so besser. Allerdings muß man von Luv kommend das Wegerecht beachten und nicht zu nah kommen.

Kurz vor Erreichen einer Halsentonne sollte man eine „lange Halse" mit großem Radius fahren, die zwar einen weiteren Weg hat, aber schneller ist. Dies ist jedoch nur möglich, wenn man keine Konkurrenten dicht hinter sich hat, die im letzten Moment das Recht der Innenposition an der Tonne erreichen könnten. Im Pulk also kurz vor Erreichen der Tonne so weit wie möglich vor den anderen nach Lee fahren, um die Innenposition und die Konkurrenten in den eigenen Abwinden zu haben. Dann muß man allerdings eine „kurze Halse" mit engem Radius fahren, um nach der Tonne nicht von den Verfolgern in Luv abgedeckt zu werden.

Als Verfolger zermürbt es vordere Gegner mehr, hält man sich stets etwas in Luv. Die meisten macht diese rückwärtige Luvposition eines Gegners nervös, während ein hinterer Gegner in Lee als sicher empfunden wird. Man kann den Gegner auch zu übermäßigem Zickzackkurs verführen, wenn man immer dann etwas anluvt, wenn er sich umblickt, gleich danach aber wieder abfällt. So legt er einen größeren Weg als man selbst zurück. Für einen Führenden aber ist es bei gleichmäßigem Wind das beste, direkten Weg zu fahren, wenn er einen Sicherheitsabstand zu den Verfolgern hält. Die Risikobereitschaft zu schnellen, aber riskanten Manövern muß von der Situation abhängig gemacht werden. Hat man etwas zu verlieren, geht man ein kleineres ein, ist der Abstand zu Verfolgern groß, kann man schon einen Sturz riskieren, mit der Chance aber, durch ein gutes Halsenmanöver Plätze zu gewinnen.

An der Halsentonne wird es manchmal eng (Abb. oben). Zwei Surfer versuchen einen Steuerbordstart (Abb. unten).

EINFÜHRUNG

Seit es die ersten Windsurfbretter gibt, tauchte automatisch von selbst die Frage auf: Wie schnell ist eigentlich ein Windsurfer? Eigene Schätzungen fallen meist etwas zu hoch aus, weil der subjektive Eindruck täuscht. Nur wenige Zentimeter mit dem Körper über der Wasseroberfläche entlangzugleiten vermittelt schnell das Gefühl von Geschwindigkeit. In England gibt es mit der alljährlichen Weymouth-Speedweek schon seit langem einen Wettbewerb für windangetriebene Wasserfahrzeuge. Die ebenfalls in England ansässige Royal Yachting Association (RYA) überwacht alle Weltrekorde, die in fünf verschiedenen Klassen ersegelt werden können, die nach Größe der verwendeten Segelfläche aufgeteilt sind.

Das schnellste segelgetriebene Wasserfahrzeug ist bisher der Riesenkatamaran „Crossbow II" mit 36 Knoten, mehr als 66 km/h. Der Holländer Derk Thijs stellte mit 36 km/h auf einem hohlen Serienbrett 1978 mit einem 7 m^2 großen Segel einen neuen Rekord über 3 Klassen auf. Ein Jahr später wurde mit Unterstützung des Surf-Magazins in Kiel der erste Smirnoff-Cup ausgetragen, ein Wettkampf, der für alle Surfbretter offen war. Preisgelder von DM 3000, 2000 und 1000 für die ersten drei lockten allerlei Spitzensurfer und Bastler auf das noch kalte Fördewasser. Dieser erste Speedwettkampf für Surfbretter wurde dann auch erwartungsgemäß von dem Favoriten Derk Thijs vor den Kielern Philip Pudenz und Claus Köhnlein gewonnen, allerdings nur mit mageren 27,6 km/h.

In den folgenden Jahren wurden neben dem Smirnoff-Cup immer häufiger Speedwettkämpfe angeboten, die Pall Mall Speedweek in Holland, die „Base de vitesse" in Brest, und andere mehr. Sehr

Den ersten Speedwettkampf für Surfer gewann Derk Thijs aus Holland.

hohe Geldpreise lockten sowohl Teilnehmer als auch Zuschauer an und man be-
mühte sich, die Rennstrecken zuschauerfreundlich auszulegen. Gleichzeitig
wurden die Messungen immer präziser
und konnten schnell bekanntgegeben werden. Mit Geschwindigkeitsveranstaltungen
wurde für den Segel- und Surfsport eine
gänzlich andersartige Wettkampfform
geboren. Bisher konnte man im Segel-
sport, abgesehen von Vergütungsformeln
großer Yachten, nur Plätze ersegeln, die
Leistung war aber nicht meßbar wie zum
Beispiel in der Leichtathletik. Jetzt kann
jeder, der an seiner Geschwindigkeit interessiert ist, schwarz auf weiß lesen, wie
flink er wirklich war.

Daß Speedwochen ein starkes Interesse
geweckt haben, läßt sich an den steigenden
Meldezahlen erkennen; bei der Pall Mall
Speedweek im November 1981 nahmen
weit mehr als 100 Surfer die Gelegenheit
wahr, ihr Material und ihr Können mit
anderen zu vergleichen. Vielleicht ist es
fur viele eher faßbar, 42 km/h gefahren
als in einer Regatta 18. gewesen zu sein.

Auf den verschiedensten Konstruktionen wurde versucht, einen Weltrekord zu fahren. Abb. unten: Doppelrumpfsurfer (Katamarane) brachten nicht den gewünschten Erfolg.

Ebenfalls wurde viel mit der Segelgröße herumexperimentiert.

Eine Art Drachenrigg gehörte zu den mißlungenen Konstruktionen. Niko Stickl (links) versuchte es mit einem Hydrofoil.

Derk Thijs überprüft noch einmal vor dem Start sein Rigg.

Als Ideenansatz ist die Wasserskikonstruktion sicherlich recht gut.

DIE MESS-STRECKEN

nzwischen sind die unterschiedlichsten Strecken- und Zeitmeßsysteme ausprobiert worden. In Weymouth wie auch in Brest sind Tonnenkreise ausgelegt, aus denen je nach Windrichtung bestimmte Korridore (Channels) zur Messung ausgewählt werden (Abb.). Oder es wird, wie in Holland, eine bestimmte Strecke parallel zum Land vermessen und die Start- und Ziellinie mit einer Videokamera mit eingeblendeter Uhr ununterbrochen aufgenommen. So kann jeder Lauf beliebig oft nachkontrolliert werden. Die von der RYA festgesetzte Mindeststrecke beträgt 500 m, um einen Rekord anerkennen zu lassen. Zudem muß ein neuer Rekord mindestens 2 % schneller als der vorherige sein, um die offizielle Anerkennung zu erhalten.

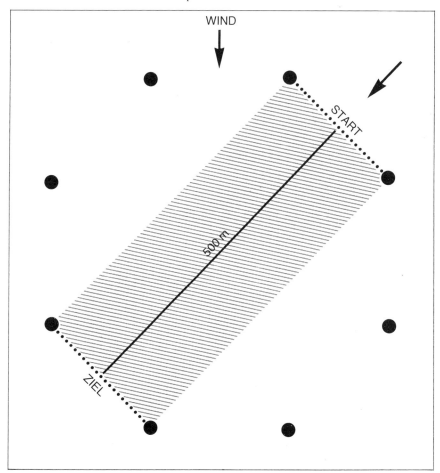

WIND

START

500 m

ZIEL

DAS SPEED-BOARD

I n den ersten Speedveranstaltungen gab es relativ wenig Spezialboards. Die meisten Teilnehmer traten mit ihren Allroundboards an, manche Hersteller versuchten mit guten Ergebnissen ihrer Serienprodukte Verkaufsargumente zu sammeln. Da die Entwicklung der Produktionsbretter zunächst in eine regattaorientierte Richtung lief, hatte es bald keinen Sinn mehr, mit Allroundbrettern an den Start zu gehen. Neue Rekorde ließen sich nur bei Starkwind ersegeln, und infolgedessen mußten geeignete Bretter entwickelt werden. Es ist wohl nicht abwegig zu behaupten, daß in den ersten Speedwochen die Idee des modernen Funboards mitgeboren wurde. 1980 gewann Philip Pudenz den Smirnoff-Cup mit einem Mistral-Prototyp, der der Form ähnelte, die kurze Zeit später von unzähligen Gleitfans in einer ersten Selbstbauwelle geshapt und laminiert wurde. Doch für Rekorde war auch dieses 3,20 m lange und 63 cm breite Brett zu groß. Durch die zunehmende Geschwindigkeit wurde nur noch eine sehr kleine Gleitfläche gebraucht. Die bis dahin üblichen breiten Hecks litten bei hohem Speed unter ständigen „spin-outs", und da sich ab einer gewissen Geschwindigkeit die benetzte Fläche nicht reduziert, wurde man nicht wesentlich schneller.

Relativ früh baute Gary Seaman, Ten-Cate-Designer aus Kalifornien, eine wellenreitbrettähnliche Form, hatte aber in Zusammenarbeit mit dem jahrelangen Rekordhalter Jaap van der Rest den größten Erfolg mit einer Mischform. Erst als Jürgen Hönscheid bei der Pall Mall Speedweek 1980 mit einem großen Board in Wellenbrettform zwar keinen Rekord fuhr, aber durch seine Beherrschung des Geräts überzeugte, setzte sich diese Form immer mehr durch. Vorbild unter den

Derk Thijs in Rennausrüstung mit seinem Speedboard 1980.

Mit diesem Prototyp gewann Philip Pudenz 1980 den Smirnoff-Cup.

Wellenreitbrettern waren sogenannte „Guns", die für sehr hohe Wellen gebaut waren und mit denen die Wellenreiter sehr hohe Geschwindigkeiten erreichten. Mit einem aus Hawaii importierten und zum Windsurfer umgebauten Surfbrett erreichte Philip Pudenz 1981 in Holland 45 km/h. Gleichzeitig verbesserte Jaap van der Rest mit einem sehr ähnlichen Selbstbau seinen Weltrekord auf 46,5 km/h. Speedboards dieser Art gehören zur Gruppe der Sinker, sind zwischen 250 und 300 cm lang, 40 bis 50 cm breit und wiegen ca. 5 kg. Meist haben sie nur eine Finne, um im Wasser den Widerstand so gering wie möglich zu halten. Je schneller das Board wird, desto kürzer und schmaler wird die Gleitfläche, um durch Verringerung der benetzten Fläche den Reibungswiderstand weiter zu reduzieren.

Vorbild der heutigen Speedboards waren sogenannte „Guns".

Philip Pudenz auf seiner Rekordjagd (49,13 km/h). Den derzeitigen Weltrekord hält Pascal Maka (unten) mit 51,52 km/h.

DAS SPEEDRIGG

Wie auch im nicht wettkampforientierten Bereich ist der Antrieb der Einheit, das Rigg, oft vernachlässigt worden. So wie eine Kette nur so stark ist wie ihr schwächstes Glied, so kann ein Speedboard auch nur so schnell sein, wie sein Rigg es erlaubt. Nicht wenige schließen von ihren Mittelwinderfahrungen auch auf Speedwochen, wenn sie meinen, raumschots muß man das Segel ein wenig voller im Profil („bauchiger") fahren. Nur ein paar Profis haben früh erkannt, daß der wahre Wind zwar raum einfällt, der scheinbare Wind durch die hohe Geschwindigkeit immer fast von vorne kommt, zu vergleichen etwa mit dem Katamaransegeln. Je schneller ein Brett ist, desto flacher muß das Profil des Segels sein. Ist es zu voll, entwickelt es schon sehr früh einen so großen Eigenwiderstand, daß das Brett auch bei mehr Wind nicht schneller wird, da der vorlich einfallende, scheinbare Wind das Brett regelrecht bremst.

Aber auch bei einem flach geschnittenen Segel wird der Widerstand bei zunehmender Geschwindigkeit so groß, daß nur mit extrem viel Vorspannung und extrem harten Masten und Gabelbäumen die unverstagten Riggs ihre Form nicht verlieren. Zu weiche Masten zum Beispiel biegen zur Seite und nach hinten, und das dem Segel gegebene Profil rutscht nach hinten. Dadurch wird das Achterliek lose, das Segel twistet zu früh und zu viel. Aus diesem Grund setzen sich immer mehr durchgelattete Riggs durch. Es hat auch schon gänzlich starre Profile gegeben, die aber noch so unhandlich waren, daß sie unter den extremen Bedingungen nicht zu bedienen waren. Nicht nur Härte ist eben entscheidend, sondern auch ein akzeptables Gewicht. Kohlefasermasten, aber auch Aluminiummasten der neuen Gene-

ration sind leicht und hart.

Aber auch beim Material des Segels muß gespart werden. Mylar wurde auf dem Surfsektor zuerst bei Speedwochen verwandt. Inzwischen nehmen die Schnellsten der Welt nur noch Mylar, das erstens bei guter Festigkeit sehr leicht ist und zweitens durch die absolut glatte Beschichtung des Kunststoffilms weniger Widerstand bietet als herkömmliches Segeltuch. Doch auch hier geht die Entwicklung weiter. Schon gibt es Folien, die nur noch ein ganz geringes Stützgewebe haben und fast nur noch aus der superleichten Mylarfolie bestehen.

Flach geschnittenes Segel, mit geradem Achterliek (a). Viel Segelfläche im Topp (b). Positive Achterlieksrundung am Segel (c). Ein zu weicher Mast biegt zur Seite und nach hinten weg (d).

TECHNIK UND
TAKTIK

Rekorde lassen sich heute nur noch
fahren, wenn die Meßstrecke mit
optimaler Ausrüstung unter radikalen Bedingungen und unter Aufbietung
aller physischen Kräfte des Surfers gerade
eben durchfahren werden kann. Für diese
hohe Kurzzeitbelastung muß der Surfer
fahrtechnisch als auch taktisch gut vorbereitet sein. Die Teilnehmer an einer
Speedwoche können zwei Ziele verfolgen,
je nachdem wie sie ausgeschrieben sind.
Auf jeden Fall steht eine Rekordverbes-
serung im Vordergrund. Hierfür benötigt
man mindestens 5 Windstärken. Herrscht
unglücklicherweise aber wenig Wind, so
kann man auch mit einer schlechten Zeit
den Wettkampf gewinnen. Diese beiden
Möglichkeiten müssen bei der Planung
und Materialvorbereitung bedacht
werden.

Zunächst kommt es grundsätzlich bei
einer Speedwoche nicht auf die maximale
Anzahl der Läufe („runs") an, sondern
nur auf einen schnellen. Logischerweise
erhöht sich die Chance auf einen schnellen
Lauf, je öfter man es versucht. Auf der
anderen Seite ist es wenig sinnvoll, ohne
Pause von einem Lauf zum nächsten zu
hetzen und dabei seine Kräfte zu vergeu-
den. Unabhängig von den Streckensyste-
men sollte die genaue Windrichtung vorher beobachtet werden, um festzustellen,
welches der wahrscheinlich schnellste Kurs
ist. Oft ist der schnellste Kurs wesentlich
länger als 500 m. Wellen wirken in der
Regel nachteilig, vielleicht gibt es eine
Seite des Kurses, die weniger Wellen hat.

Es kann auch Strecken geben, die unterschiedliche Windstärken mit gewisser
Regelmäßigkeit in der Strecke aufweisen,
so daß der Kurs eventuell bei beginnendem
stärkerem Wind zunächst auf der Leeseite
des Kurses begonnen werden sollte, um

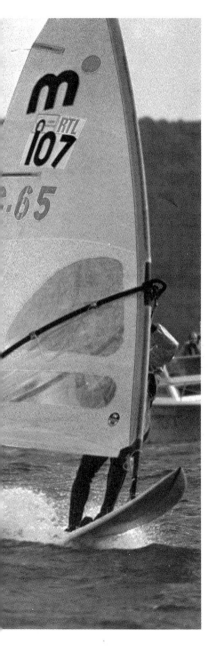

Philip Pudenz läßt sich zur Meßstrecke mit einem Schlauchboot schleppen, um möglichst viel Kraft zu sparen. Abb. links: Klaus Simmer (links), und Philip Pudenz durchfahren gemeinsam die Meßstrecke.

im zweiten Teil mit schwächerem Wind ein wenig anzuluven. Diese Entscheidungen sollten wenn möglich vorher getroffen werden. Die Messungen erfolgen mit fliegendem Start. Nicht selten kann man Teilnehmer beobachten, die zu wenig Anlauf nehmen und bei Beginn der Messung noch nicht ihre Höchstgeschwindigkeit erreicht haben. Die meisten Startfreigaben werden mit einer Kulanzzeit zum Starten erteilt. Bei einem weiteren Anlauf läßt sich die Geschwindigkeit doch noch so weit regulieren, daß man eine ankommende Bö gerade abpassen kann. Erfolgt

die Startfreigabe nach einer Meldung, sollte man stets die Wasseroberfläche in Luv der Strecke beobachten und auf einen Moment warten, da Böen möglichst über die ganze Strecke streichen. Fahrtechnisch gesehen verlangt ein Speedboard vor allem die Beherrschung des Wasserstarts und eine ganze Menge Starkwinderfahrung. Beim Durchfahren der Meßstrecke muß das Rigg so aufrecht und so ruhig wie möglich gehalten werden, um die ganze Fläche zu nutzen und die Strömung nicht turbulent werden oder abreißen zu lassen.

**Die Tabelle zeigt die
anerkannten Weltrekorde.**

Jahr	Ort	Veranstalter/Sponsor	Name	Hersteller	km/h
1977	Weymouth	John Plyer World Sailing Speed Record Week	1. Derk Thijs	Windglider	35,37
1979	Weymouth	World Sailing Speed Record Week	1. Clive Colenso 2. Jaap van der Rest	Eigenbau TenCate	42,30 41,30
1980	Maui/Hawaii	Speed Trial Hoyle Schweitzer	1. Jaap van der Rest	TenCate	45,16
1980	Veerse Meer Holland	Pall Mall Export Windsurfing Speed Trials	1. Jaap van der Rest 2. Derk Thijs 3. Jaap Keller	TenCate Windglider TenCate	45,50 43,13 41,51
1982	Brest	Base de Vitesse de Brest	1. Philip Pudenz 2. Pascal Maka 3. Jürgen Hönscheid	Mistral Ellesse F2	49,13 48,54 48,13
1982	Weymouth	World Sailing Speed Record Week	1. Pascal Maka 2. Fraser Black 3. Jürgen Hönscheid	Ellesse Mistral F2	51,52 49,43 49,41